创业加速

股权融资行动指南

胡俊华 著

SPEED UP

A Guide Book of Equity Financing

图书在版编目（CIP）数据

创业加速：股权融资行动指南 / 胡俊华著 . —北京：机械工业出版社，2022.11
ISBN 978-7-111-71940-3

I. ①创… II. ①胡… III. ①企业融资 – 研究 IV. ① F275.1

中国版本图书馆 CIP 数据核字（2022）第 202175 号

股权融资的本质是用未来的钱，加速今天的发展。你需要构建系统性的知识框架，掌握科学的方法论，才能高效地完成这项复杂的系统工程。

在本书中，作者根据多年作为投资人、创业者和融资顾问的闭环实战经验，详细梳理了创业公司在一次完整的股权融资过程中要面临的挑战，总结出了拿来即用的实操方法，并用大量真实案例进行讲解，带你看清通往最终目标的有效路径。

创业加速：股权融资行动指南

出版发行：机械工业出版社（北京市西城区百万庄大街 22 号　邮政编码：100037）	
责任编辑：杨熙越	责任校对：丁梦卓　王明欣
印　　刷：保定市中画美凯印刷有限公司	版　　次：2023 年 2 月第 1 版第 1 次印刷
开　　本：170mm×230mm　1/16	印　　张：18.25
书　　号：ISBN 978-7-111-71940-3	定　　价：79.00 元

客服电话：(010) 88361066　68326294

版权所有・侵权必究
封底无防伪标均为盗版

| 本书"使用说明书" |

你买这本书应该是为了解决一些在股权融资上的疑问，或者是对这方面感兴趣，想要去了解更多。在你开始阅读正文内容之前，请允许我先介绍一下读这本书的正确"姿势"。

建议按照目录的顺序阅读

如果你没有经历过一次完整的股权融资，那最好还是按照目录的顺序从头开始阅读。因为，我已经按照"认知准备—融资执行"的逻辑顺序，编排好全部内容，帮助你更好地理解和掌握如何高效地去完成股权融资这项复杂的系统工程。

当然，这只是我的一个小建议，毕竟每个人的阅读习惯都不一样，你也可按自己的阅读习惯决定阅读顺序。

每种理论都有前提

事实上，只要不是类似于"1+1=2"这样的公理，其他包括方法论、分析框架、计算模型和商业逻辑在内的理论，都有它们各自应用的前提。

比如第 43 讲中描述的关于"价格决定成本"的经济学理论和案例，就需要在有效的前提下才会适用，并非绝对。

由此可见，你需要对本书中所有的理论、方法和逻辑推演做辩证分析，找到应用的前提条件，方可运用到实际操作当中。另外，你可能还需要做一定的调整和完善，使得它们更适用于你自身的情况。

这也是我希望你能做到的一件事：独立思考。尽信书不如无书，这句话的射程范围可以覆盖所有知识。

每个案例都有时效性

在书中我列举了不少例子，都是关键信息经过脱敏处理后的真实案例。正因为是真实案例，所以它们的参考价值具有时效性，只在一个时间段内持续有效。如果大环境发生变化，或者在某些特定条件因素的作用下，这些用于佐证的案例不一定还能始终保持有效。

比如，贸易摩擦和禁运导致半导体行业产能吃紧，供应链安全问题凸显，这使得资本疯狂涌入，从而推高了整体项目估值，但这种现象会有回归理性的一天。又比如，疫情之下短暂火热后大裁员的那些新消费项目，也会随着行业洗牌的结束迎来它们的转机。

所以，你需要结合案例的宏观背景，根据实际情况进行逻辑推演和论证。

成功很难复制，失败往往相同

你可能看过或听过不少创业公司融资成功的案例，也从这些案例里学到不少成功经验。这时，我要提醒你警惕"幸存者偏差"。每家创业公司的情况都不可能一样，每个融资事件背后也有着特定的前提条件和投资逻辑，你往往很难"抄到作业"。

相反，那些失败的教训可能更值得你去参考和借鉴，它们能让你避开一些致命的"坑"，让公司活得更久。很多时候，创业拼的不就是这个吗？所以，希望我在书里总结的经验教训，能够得到你足够的重视。

最后，我有句心里话，想跟你共勉：

既然选择了创业，如果你不变强，怎么对得起这一路走来吃过的苦。

术语表

术语	释义
VC	风险投资（Venture Capital），简称风投，国内也称创业投资，是指面向初创企业的股权投资，本书泛指 VC 机构或投资人
PE	私募股权投资（Private Equity），广义的 PE 包括 VC，狭义的 PE 是指对处于较为成熟阶段的企业的权益投资，本书采用狭义内涵，泛指 PE 机构或投资人
FA	财务顾问（Financial Advisor），本书是指提供股权融资服务的机构或顾问
GP	本书是指创业投资或私募股权投资基金的管理合伙人，即一般合伙人（General Partner）
LP	本书是指创业投资或私募股权投资基金的出资人，即有限合伙人（Limited Partner）
IPO	首次公开募股（Initial Public Offering）
DPI	投入资本分红率（Distributed to Paid in Capital）
Teaser	投资概要
BP	商业计划书（Business Plan）
DD	尽职调查（Due Diligence）
DD Pack	尽职调查资料包（Due Diligence Package）
FAQ	常见问题解答（Frequently Asked Question）
NDA	保密协议（Non-Disclosure Agreement）
TS	投资条款协议或投资条款清单、投资条款书（Term Sheet of Equity Investment）
SPA	投资协议、增资协议或股权购买协议（Share Purchase Agreement）
SHA	股东协议（Shareholders Agreement）
To B	面向企业客户的业务模式（To Business）
To C	面向个人消费者的业务模式（To Consumer）
To G	面向政府客户的业务模式（To Government）
募投管退	基金募资、项目投资、投后管理、项目退出
上会	投资人就拟投资的项目在专门的项目会议上进行充分讨论，最后由投资决策委员会的投委们投票决定是否投资该项目

| 目 录 |

本书"使用说明书"
术语表

第一篇 认知准备篇

第1章 认知先行
融资前先搞清楚什么是风险投资 /2

第1讲 本质：天下熙熙攘攘，皆为利来利往 /2
第2讲 类型：钱是有属性的 /8
第3讲 判断：一些业界公认的投资逻辑 /15
第4讲 日常：投资人的工作轮回 /20

第2章 系统工程
创业融资到底有多复杂 /25

第5讲 轮次：你融的是哪一轮 /25
第6讲 过程：打游戏吗？"一关没过从头再来"的那种 /30
第7讲 时间表：什么时候去融资 /34
第8讲 融资小组：融资是全公司的事 /37

第 9 讲　资金需求：下一个加油站有多远　/ 40

第 10 讲　估值幻想：融资不以估值论成败　/ 43

第 11 讲　融资障碍：有些项目注定融不到资　/ 48

第 12 讲　生存发展：活着，才有希望　/ 56

第 3 章　顶层设计
楼可以盖多高，看地基打多深　/ 61

第 13 讲　分配原则：股权怎样分才不会引发争执　/ 61

第 14 讲　权重设计：没有最好，只有最合适　/ 65

第 15 讲　合伙机制：合伙前先说散伙，是对所有人负责　/ 70

第 4 章　核心团队
人，是最关键的因素　/ 75

第 16 讲　创始人：投资人喜欢什么样的创始人　/ 75

第 17 讲　合伙人：你应该找什么样的"战友"　/ 80

第 5 章　融资准备
做好融资材料，让你事半功倍　/ 86

第 18 讲　精准翻译：创业者语言系统与投资人语言系统　/ 86

第 19 讲　编写原则：用投资的语言去写商业计划书　/ 91

第 20 讲　框架拆解：商业计划书的内容结构和展示逻辑　/ 99

第 21 讲　TS：商业计划书的浓缩精华　/ 117

第 6 章　竞争突围
为什么要投资你　/ 121

第 22 讲　转动飞轮：为什么你要这样干　/ 121

第 23 讲　提炼优势：为什么你比别人强　/ 129

第 24 讲　增长依据：为什么你可以做大　/ 134

第 25 讲　建立壁垒：为什么你可以做强　/ 138

第二篇 融资执行篇

第 7 章 机构触达
融资，从连接开始 / 158

第 26 讲　触达渠道：哪里能找到投资人　/ 158
第 27 讲　反向尽调：了解你的交易对手　/ 163
第 28 讲　进退有度：与投资人打交道的边界感　/ 167

第 8 章 路演问答
怎样引起投资人的兴趣 / 174

第 29 讲　善用规则：获得最大路演成效　/ 174
第 30 讲　表达结构：重点不是你说，而是他听懂　/ 177
第 31 讲　洞察意图：问题背后的风险识别　/ 181
第 32 讲　科学复盘：下一次更高效　/ 185

第 9 章 尽职调查
心中有数才能更好应对 / 190

第 33 讲　尽职调查范围：三大维度　/ 190
第 34 讲　尽职调查方式：六大程序　/ 197

第 10 章 协议条款
知道"坑"在哪里才能躲开 / 202

第 35 讲　TS：投资条款协议　/ 202
第 36 讲　SPA 与 SHA：投资协议与股东协议　/ 207
第 37 讲　投资期条款：股权有所值　/ 210
第 38 讲　管理期条款：保值与增值　/ 222
第 39 讲　退出期条款：本金与回报　/ 237

第 11 章 融资谈判
这是一场正和博弈 / 251

第 40 讲　谈判准备：正确的认知与科学的心态　/ 251

第 41 讲　谈判技巧：价格类条款怎么谈　/256
第 42 讲　谈判技巧：条件类条款怎么谈　/260
第 43 讲　全局策略：赢下战役，也赢下战争　/267

第 12 章　完成交易
是结束，也是开始　/272

第 44 讲　跟进打款：进度条不要卡在 99%　/272
第 45 讲　持续融资：低头赶路，也要抬头看天　/275

第一篇　认知准备篇

第1章　认知先行
融资前先搞清楚什么是风险投资

第1讲　本质：天下熙熙攘攘，皆为利来利往

正在创业或想要创业的你，是不是也想过有一天可以获得投资人的青睐，成功融资，带领公司一路狂奔，实现上市的理想？

不过，在融资之前，你搞清楚什么是风险投资了吗？

风投的本质

风险投资（Venture Capital，VC）简称风投，又叫创业投资，主要是指向初创企业提供资金支持并取得该公司股份的一种投资方式。这个解释不能说它错，但不够准确，而且也只是说出了风投的外在表象。

风投是一个行业，同时也是一种职业，它最核心的两个组成部分，分别是人和资本。有一句话，叫作：天下熙熙攘攘，皆为利来利往。人逐利，资本也逐利，这才是风投的本质。

我做过VC，有18个月投成7个科技项目的小成绩；创过业，项目获得了"中国光谷3551国际创业大赛"第三名，后来被上市公司战略性收编；创办知止资本后，已为数十家创业企业提供过股权融资咨询及顾问服务。从投资人，到创业者，再到为这两者提供专业服务的FA，整个闭环我都做了一遍。在这些经历里面，绝大部分我所看到、做过和达成的事情，都是紧紧围绕商业利益这个核心来展开的。如果你的公司不能给风投创造价值和带来投资回报，那么股权融资将会变得无比困难。

什么是价值？

对于资本来说，所有投资标的的最终价值表现，是资产的增值。也就是说，你公司的股权会不会变得越来越值钱。

也许你的公司会给行业、社会，甚至全人类都带来很大的好处，比如一些科学家发明了很多非常厉害的高精尖技术，可以解决行业里面的痛点、难题和疑难杂症。但是，做样机容易，想要大规模量产可没那么简单，如果再碰上市场很小、客户不多的情况，那公司基本上就没什么盈利，自然也很难做大规模。

对于资本来说，这样的公司股权不具备可观的增值潜力，如果投资它，等十年八年可能都赚不到多少钱。

事实是，资本只会锦上添花，不会雪中送炭。理性的投资人会在公司有发展潜力或发展得好的时候投资你，但绝对不会在公司走下坡路，甚至面临生存危机的时候投资你。

不少创业公司因为发展得不理想，甚至在出现现金流紧张时，创始人就把股权融资当作救命稻草，希望我能够帮他们融一轮资，拿钱来解决生存问题。每当遇到这样的创业者，我都"委婉又直接"地告诉他们：此路，大概率走不通。

刚刚所说的，是公司做得不好或者没有前途的情况。如果反过来，公司并没有什么大问题，只是希望通过融资，发展得更好更快，这样可以吗？

这种情况要看公司的发展潜力。风投要的是那些高成长性、未来可能带来高收益的项目。至于什么才算是投资人眼中高成长性、未来可能带来高收益的项目，我会在后面的内容中详细介绍。

风投的作用

先问个小问题：如果成功拿到投资人的钱，这笔钱你计划怎样去用呢？你可以在这里暂停一会儿，先不着急往下读，思考一下。

相信你已经心中有数，通过股权融资到手的钱，应该花在公司的发展上。投资人投资你，是要你把公司做大。如果是短暂性的资金问题，可以通过债权融资等方式来解决。股权融资的钱是用来加速的。

按照惯例，我举个例子。假设有两家规模差不多的公司，它们都做着同样的业务，也有一个相同的市场目标。

如图1-1所示，老王公司的起步资金有100万元，不融资，10年可以实现这个目标。

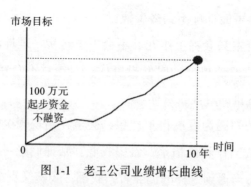

图1-1　老王公司业绩增长曲线

如图1-2所示，小强公司的起步资金也是100万元，通过天使轮融资获得了 500 万元,加速发展,然后继续融资,再加速发展,结果 3 年就实现了目标。

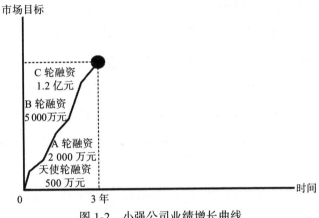

图 1-2　小强公司业绩增长曲线

例子很简单,道理也很明了。通过资本的助力,你可以吸引更多优秀的人才加入,投入更多的研发资金,更快地做出产品,建立更大的产能或者服务规模,争取更多的渠道和营销资源,更快地提高市占率,获得更高的营业收入,然后用赚到的钱,去赚更多的钱。

所有的行业和市场都存在竞争,创业公司想要跟头部玩家竞争,唯一的抓手就是通过融资获得资本的加持,拥有进入社会资源网络的门票,打破对手的"制高点"优势,站到相同的维度上去"公平"竞争。

看到这里,你可能会觉得资本就只是给钱,除了钱也帮不上什么忙了。不可否认,钱是风投能够提供的最明显和最直接的助力,但除此之外,风投在其他地方也可能发挥令人惊喜的作用。

在增值服务方面,拥有资源并且积极的投资人会帮助你整合上游供应链资源、拓展下游客户、找到核心技术人才等。

比如,软银赛富在 2003 年投资了盛大网络(著名网络游戏《传奇》的国内市场引入方)后,前者的两位高管就花了一年多时间,帮助盛大网络进行组织管理架构调整，完善管理层回报机制和财务监控制度，并且还在公司运营和发展规划方面提供了很多建议和支持，帮助盛大网络于2004年在纳斯达克成功上市。

在战略布局方面，投资人能够在上市、重组、拆分等重大决策上提供成功的经验，甚至有些时候还会起决定性的作用。

比如，美国的一家投资机构阿克塞尔合伙公司（Accel Partners）最早向Meta（改名前为Facebook）投过一千多万美元，然后阿克塞尔合伙公司的合伙人吉姆·布雷耶在公司的董事会上给Meta出谋划策，帮助它快速地崛起。

在市场背书方面，在企业上市的时候，风投会用自己的信用做背书，告诉二级市场投资者，这是一家非常有价值的企业，从而使得公司股价不容易被低估，减少"留在桌子上的钱"⊖，保障股东的经济利益。

来看两个数据：国内有风投支持的企业，上市第一天股价的平均涨幅是51%，而没有风投支持的企业平均涨幅是62%。这说明什么？说明没有风投支持的企业的股价被严重低估了。

风投的限制

上面说的，是风投在资金以外可能给你带来的帮助。不过，任何事情都有正反两面，引入风投也一样。风投的"三高"特征，决定了它对企业也存在限制的作用。

哪"三高"呢？

不是身体方面的"高血脂、高血糖、高血压"，而是"高风险、高收益、高参与性"。

⊖ 所谓"留在桌子上的钱"是指新股的首日收盘价格减去发行价格后，再乘以该新股发行的股票数量，所得到的一笔财富。如果市场定价是有效的，那这笔财富就是股票发行人的发行损失。

根据统计数据，美国 VC 所投资的 3 万多家企业里面，失败率高达 65%。而这仅仅只是失败的，还没算那些苟延残喘、风投没办法退出的公司。

失败率这么高，风投还怎么赚钱？

市场化运作的投资机构所采用的方法是：风险对冲。用少数明星项目几十倍甚至上百倍的高额回报，去对冲多数失败项目带来的损失。

明星项目的投资回报可以有多高呢？

举几个非常成功而且经典的投资案例：KPCB 投资谷歌赚了 352 倍；阿克塞尔合伙公司投资 Meta 赚了 1000 倍；软银投资阿里巴巴赚了 1700 倍；夏佐全先生投资比亚迪，回报超过 5 万倍。

正因为股权投资的投资回报可以高出天际，所以风投为了赚取最高的回报率，就可能会在某些时候牺牲创业者的利益，比如过早地把公司催熟。

美图公司就是一个被资本催熟的典型案例。2016 年 12 月美图公司在香港上市，股价从 8.5 港元开始缓慢上涨。但是 2017 年之后，股价就开始一路下跌，到本书完稿的时候已经不到 1 港元。

为什么会这样呢？

美图公司的主要产品"美图秀秀"是一款工具类 App（应用软件），它的盈利模式不清晰，变现能力比较弱。但是，投资人从 2008 年投资美图公司开始，到 2015 年已经过去七八年了，退出的冲动非常强烈，所以在美图公司没有做好准备的时候就把它强推上市，最终导致美图公司股价的"跌跌不休"。

除了催熟，融资还会带来另一个副作用——稀释。

融资主要以增资的方式完成，每一轮融资都会稀释你所持有的股权比例。如果融资轮次太多，你手上的股权可能就变得所剩无几。

比如，美团在上市的时候，创始人王兴先生手里的公司股份占比还不到总股份的 11%。

再进一步，万一股权比例被稀释到一定程度，你却没有相应的应对措施，那你还可能会失去董事会的控制权，甚至被赶出公司。

比如，乔布斯就曾被赶出苹果（后来又被请了回来），思科的创始人夫妇因为管理能力不够而被投资人和下属扫地出门，新浪创始人王志东先生也在互联网泡沫破裂、股价暴跌后被请出了公司。

第 2 讲　类型：钱是有属性的

在给很多中小型公司做融资咨询的时候，我发现一个比较普遍的现象，大部分创始人都不清楚应该或者可以找什么样的投资机构去融资，也不清楚从不同投资机构融来的钱又有什么区别。

你可能会奇怪，不都是钱吗？还会不一样？

是的，不一样。这里的不一样是指钱的属性。投资机构的类型不同，钱的属性也就不同，融资过程中需要注意的事项和融资之后所付出的代价也不同。

那么，投资机构有哪些类型呢？

大致可以分为 3 个类型，分别是国资投资机构、财务投资机构和战略投资机构。

国资投资机构

通俗地说，国资投资机构是指国有背景的投资机构，出资方主要是各级政府，也就是说用来投资的钱是国家的。它的投资逻辑是以促进科技、经济、产业发展和招商为主。根据级别不同，国资投资机构可分为区(镇)级、市级、省级和国家级。

比如，业内知名的大基金（国家集成电路产业投资基金），就是为促进集成电路产业发展而设立的。大基金的发起方大部分是国企，尤其是央企，重点投资集成电路芯片制造业，兼顾芯片设计、封装测试、设备和材料等产业，实行市场化运作、专业化管理。

因为是扶持和招商属性，所以对创业公司而言，国资投资机构的融资成本相对最低。以某地级市高新区的天使投资为例，对落户在这个区里面的企业，原则上单个企业的投资占股比例不超过30%，单次投资不超过600万元，同一企业累计投资不超过1000万元，股权5年内最高2.5倍退出，超出部分作为奖励返还给创始团队。而且，一般不会要求被投企业如果上不了市就要回购股权，但是创始团队却有权利主动回购股权。

当然，获得如此宽松的条件需要付出一定的代价，就是被投公司的主体、主要业务以及公司的营收几年内不得迁离指定区域。这样的要求对于踏实经营业务的创业者来说其实不难做到，毕竟谁没事都不会随便搬公司去别的地方。

不过，如果公司被绑定在一个地方几年不能动，也可能会让你跟其他地区以招商性质为主的国资投资机构从此绝缘。

我在给一个客户做A轮融资的时候就遇到过这样的情况，外省的一家国资投资机构愿意投资，前提是公司得搬过去。但是，这个客户在两年前已经拿过当地的天使投资，实在搬不了。最后，这个客户还是选择了没有落户要求，但投资条款相对没那么宽松的财务投资机构，完成这一轮融资。

财务投资机构

红杉中国、深创投、IDG资本、五源资本、经纬创投、高瓴投资、腾讯投资、中金资本、CPE源峰、招银国际资本……这些头部的财务投资机构，你可能都听过或接触过，甚至得到过它们的投资。

前5家是"清科2021年中国创业投资机构100强"中的前5，后5家是"清科2021年中国私募股权投资机构100强"中的前5。

什么是财务投资？

财务投资主要是指以获取中短期财务价值为目的，主要通过溢价退出实现资本增值的交易行为。简单的理解就是：通过股权、债权，或者两者的组合，去投资优质公司，等股权增值之后卖出变现，用钱来赚钱。

相对于国资投资机构，财务投资机构更加看重能不能实现"资本增值"，这个目的由它的资金属性决定，而资金属性，则由出资人的意志决定。

一般而言，财务投资机构会以"投资公司"或"基金管理公司"作为主体进行投资。这两种主体的区别在于：前者用公司的钱去投资，钱存在公司的银行账户上，全部属于公司，是自有资金；后者用基金的钱去投资，钱存在基金的银行账户上，大部分不属于基金管理公司，而是这只基金的管理合伙人（GP）向基金的出资人（LP）募资而来的。也就是说，用谁的钱去投资，决定了投资机构采用何种主体形式。

说完主体，接着来看类型。

你可能经常听到"创业投资""私募股权投资"这两个词，但我猜你不一定知道它们是什么意思。其实，创业投资和私募股权投资都属于财务投资，在业内它们的简称是VC和PE。

你还可能听一些投资人说过，VC和PE的区别就是投资阶段的不同。这种说法，也对，也不对。VC和PE确实存在投资阶段的偏重区别，VC偏早期，PE偏中后期。不过，投资阶段不同只是外在表象，并不是本质区别。

VC和PE的本质区别，是风险偏好，也就是机构背后的资金的风险承受能力不一样。VC的出资人愿意承受更大的风险，去获得更高的投资回报；而体量更大的PE的出资方很多是公司财团或者母基金，更注重资金安全，所以喜欢稳定的成熟期项目，虽然少赚一些，但是赚钱的确定性高。

除了VC和PE，行业内还有早期投资机构和科转基金（科技成果转化基金）。早期投资机构寻找具备成长潜力的早期项目进行投资，最早可到天使阶段；而科转基金的延伸比天使更早，在项目还只是科技成果的时候已经开始介入。

战略投资机构

作为一名创业者，你应该经常跟"战略"这个词打交道。

什么是战略？

战略的英文是strategy，源于希腊语，最早应用于军事方面，是一种从全局出发去考虑实现最终目标的规划。

什么是战略投资？

投资者为了实现自身的战略目标，会采用多种战术，而投资是其中之一。

具体到股权投资上，就是被投资的公司所拥有的人才、技术、产品、设备、市场、渠道、客户等，这些资源里面有一项或多项可以帮助投资者实现其战略目标，或者完成产业布局。

战略投资具有"业务关联性""系统协同性""未来前瞻性"三种属性，目光比财务投资放得更远。

简单一点说就是，做战略投资的大公司不需要外部投资人，没有很大的资金退出压力，自然更有耐心等待被投资的公司成长起来，反哺自己的业务。

在一级市场进行战略投资的，基本上都是各个行业中的龙头企业或者上市公司，比如华为、腾讯、阿里巴巴、小米、联想、北汽集团等。而代表这些大公司执行投资动作的，一般是这些巨无霸的全资控股子公司或战略投资部，比如华为的哈勃投资、阿里巴巴的战略投资部。

以阿里巴巴战略投资部的一则高级投资经理招聘信息为例，职责要求之一是"根据公司业务发展战略及目标，对公司长期及现有业务具有战略价值的投资方向提出布局建议"。

可见，战略投资机构背后的公司一般都有属于自身的主营业务，投资目的主要是实现战略目标或者产业布局。

项目退出通道

不管是哪种类型的投资机构，都需要通过项目退出完成投资资金的回收并获取投资收益，尤其对于财务投资机构而言，项目退出是非常重要的闭环工作，有些时候甚至比项目投资还重要。所以，在投一个项目之前投资人就要考虑后面怎样退出的问题，而这个问题可是与你能不能拿到他们的投资密切相关的，你必须了解清楚。

一级市场的股权投资机构，跟二级市场股市里的投资者一样，都是希望低买高卖。投资机构依靠股权的增值和溢价，通过退出通道的变现，去实现赚钱这个目标，而股权在这一买一卖之间所形成的差价，就是投资机构赚取的利润。

买，一般是通过对公司进行增资，或者受让公司老股。卖，也就是项目退出，我把它归纳成3种类型以方便理解，分别是：二级市场退出、一级市场退出和清算退出。

二级市场退出

很多创业者都有一个上市梦，投资人也一样。上市是风投最喜欢的退出方式，没有之一。因为，所投企业上市可以带来最大的投资回报，就像在第1讲中提过的那几个回报率达几千倍、上万倍的投资案例一样。

虽然，这么厉害的投资回报只有极少的投资人可以做到，不过这并不影响资本追逐最高利润的疯狂。所以，很多投资人在投资一个项目的时候，都会做一个判断：这个项目将来上市的概率有多大？越有机会上市的公司，就越受投资人青睐，那些所谓的独角兽企业，往往就是这样跑出来的。

如果有一天，你的公司要去上市，那么你可以选择上市。可以考虑上海证券交易所的科创板，或者深圳证券交易所的创业板，也可以考虑香港交易所。海外比较受互联网公司欢迎的是纳斯达克证券交易所。

上面说的是直接上市，相对省钱，但不确定性高。还有另外一种上市途径是借壳上市，费钱，但确定性高。

一级市场退出

事实上，创业公司可以顺利上市的少之又少。如果公司难以达到首次公开募股（IPO）的标准，或者需要的时间太长，没办法在基金的存续期之内成功上市，投资机构就会退而求其次，在一级市场通过并购、回购或转让进行退出。

并购（Merger and Acquisition，简称M&A）包括兼并和收购两层含义、两种方式。不管是兼并还是收购，都会产生产权的交易和转移，风投机构可以在这个资本运作的过程中退出，获取收益。

相比在二级市场上市，并购没有那么多条件限制，复杂度较低，花费的时间少，而且方式更加灵活，同时还能共享企业之间的资源，带来管理、经营、财务方面的协同效应。

举个例子。我们经常用的美团和大众点评，是O2O（线上到线下，

Online To Offline 的简称）市场体量最大的两家公司，它们在 2015 年进行了合并，合并之后就成了这个行业的龙头企业，一家独大。

回购（Buy-back），主要包括股东回购和管理层回购（Management Buy-Out，简称 MBO）。对于目前国内大多数创业公司来说，主要股东和管理层一般都是同一批人，所以这两者的区别并不大。

通过回购退出的交易复杂度低，成本低，投资回报率也比较低。目前业内主流财务投资机构在回购权条款上的做法是：回购金额为投资本金加单利率为 8%～12% 的年化利息，由实际控制人或经营性股东承担回购的连带责任。

股权转让（Equity Transfer）是把股东权益有偿转让给第三方，是套现退出的一种方式。一级市场的股权转让一般由交易双方通过签订协议完成交割，而投资机构则往往会在领售权或拖售权条款中设置有利于它们自由进行股权转让的权利，给创业者和公司留下很大的风险隐患。这里面的细节我会在融资执行篇详细告诉你。

清算退出

通过上市退出可以获得最高的投资回报，通过转让退出可以获得较高的投资回报或者保本，这些都属于赚到钱的。

但是，如果亏了呢？怎么办？

这时候只能通过解散清算或者破产清算退出了。

解散清算的原因可以有多种，比如营业期限届满、章程规定的解散事由出现、股东会决议解散、被吊销执照、责令关闭等，属于自愿清算或者行政清算。

破产清算的原因只有一个，就是资不抵债。债务到期了没钱还，而且整个公司的资产加起来都还不起，以后也没有能力还，公司就会被宣告破产，属于司法清算。

对于已经确认失败的创业公司，投资机构会尽早地通过清算来退出，以求尽量收回最多的残留资本。所以，优先清算权是必备条款之一。条款约定：在分配公司剩余资产的时候，投资人可以优先于其他股东获得全部投资本金。

为什么投资机构在优先清算权上会这么强势呢？

看看下面的企业破产后债务清偿顺序你就会明白：清算费用、职工工资、社保费用和法定补偿金＞公司欠的税款＞公司债务＞剩余财产股东分配。

"剩余财产股东分配"排在清偿顺序的最后面，那个时候公司的剩余资产已经所剩无几了，投资机构能不强势吗？

所以，破产清算是风投机构最不喜欢的退出方式，也没有之一。

第3讲 判断：一些业界公认的投资逻辑

2017年我投过一个项目，第一次接触创始人的时候，他还在国外一家大公司的光刻研究中心担任首席科学家。我从他只有一个创业的想法开始，到成立公司并且投进去，前后花了将近12个月。过程中，我们投资团队在运作这个项目回国落地方面可花了不少力气，比如帮他注册公司、找办公场地、挑选财务人员、争取政府扶持等。

到底是什么样的项目，值得一个VC超出单纯的项目投资，深入到项目运作层面，出钱出力，服务到家呢？

这是一个稀缺项目。投资这个项目的基本条件是该项目拥有顶尖团队，投资逻辑之一是国产替代，而前提背景则是集成电路行业的现状和发展趋势。

这个项目主要做光刻机的OPC（Optical Proximity Correction，光学

临近修正）软件，属于 EDA（Electronic Design Automation，电子设计自动化）范畴里技术壁垒和附加值最高的部分。当时这个领域的国外玩家有阿斯麦、新思科技和明导国际三巨头，国内只有东方晶源，这个项目是第五个，所以我们投了。

而后，贸易摩擦、禁运等事件接踵而至，供应链安全引起高度重视，国产替代在这两年成了科技赛道的主要投资逻辑之一，半导体行业（尤其是集成电路）迎来最好的发展时机。

通过这个案例，其实我是想告诉你两点：一是，不同的行业有不同的底层商业逻辑，自然也就有不同的投资逻辑；二是，不同的机构有不同的投资偏好，不同的投资人也有不同的专业判断。

如果你接触过几个投资人但没有得到认可，不要灰心，不一定是你的项目不好，说不定是他没看懂。就像泡泡玛特，当时好多投资人都没看懂，等到它快要上市的时候，又回过头来追着要份额。

当然了，这是特例。

从多年的投融资经验和创业经历中，我总结出来几条在风险投资领域中通用性比较强的投资逻辑，供你参考。

投资即投人

投资即投人，几乎是业内对早期项目公认的第一投资逻辑。

徐小平说："投人，投人，投人，而不是投事，投模式，投方向。"在创业早期，必定要经历无数的试错和调整，如果创始人不够强大，团队战斗力不够强，公司将很难走过那些暴风骤雨，熬过优胜劣汰，生存下来，发展壮大。

对于投资即投人，我有比较深的感悟，下面跟你分享两个我亲身经历的失败案例。

第一个案例是我做 VC 的时候投资的一个项目。这个项目开局就带着"团队关系稳定，技术国内领先、稀缺性高，产品可替代进口，行业痛点明显，市场潜在规模大，政府政策扶持"这样的"王炸"牌面，然而好景不长，一手好牌在创始团队日趋激烈的矛盾中被打得稀烂，一度发展得很好的局面分崩离析，公司业务停滞，濒临破产，团队成员差点还要对簿公堂。

坦白说，那时候我天真地认为项目开局时的关系有着牢固的信任基础和很高的"背叛成本"，团队稳定性上应该不存在明显的风险。可是最后，还是被现实打败了。

后来，我站在商业对错观（谁损失最大就是谁的错）的角度做自我检讨：作为投资人，没有深入了解清楚创始团队成员的品性、为人和性格，察人不明；项目的败笔不在技术产品，不在商业模式，也不在趋势方向，而是在人。

第二个案例是我创业的第一家公司。我跟创始人是在海外相识的朋友，因为当时自己有强烈的创业冲动，所以就加入了他的创业计划，联合创办了公司。然后，跟大部分的创业团队一样，我们也上演了很多狗血剧情，比如发展理念不一致、执行力不同步、决策效率低下等，公司的业务发展得很不理想。后来，我选择了退出，开始了第二段的创业历程。

事后反思，这次失败也是因为我没有对创始人做足够的了解，同样的坑踩了两遍。

经过这两个失败的项目后，我自己得出的经验教训是：越是早期的创业公司，团队越重要，而创始人的重要性占了整个团队的一半以上。

市场空间足够大

对于市场空间，你可以从存量市场和增量市场的角度做综合分析。

存量市场是指当下的市场规模，比如2020年国内外卖行业的市场规模是8352亿元。增量市场则是未来增加的市场规模，比如2021年国内外卖行业的市场规模是9240亿元，比2020年高出888亿元，这888亿元就是2021年的增量市场。

存量市场是已经被瓜分的蛋糕，如果竞争者多，就是一片红海。增量市场是未来要被瓜分的蛋糕，如果增速足够快，就是一片蓝海。

你的公司规模的"天花板"，由市场空间决定，而市场空间够不够大，要看存量市场和增量市场的大小。如果你的公司"天花板"太低，意味着很难做大规模，也很难达到上市的标准，那投资人的投资意愿也就没那么大了。

与趋势保持一致

在一级市场里面，你可以把趋势简单粗暴地理解为"风口"，虽然这并不完全正确。

有趋势，就会有红利；有风口，就会有时限。

什么是红利？

中国著名商业顾问刘润老师在《趋势红利》一书中给出的定义是：红利就是科技、政策、用户发生变化，形成短暂供需失衡，给商业机构带来的机遇；红利有很强的时间属性，能够迅速弥补这个失衡，就能占领市场，获得优势。

举个例子。过去十几年一直"坐冷板凳"的半导体项目，在2020年突然备受关注，头部投资机构为了抢项目，手速几乎提升了一个数量级，造成项目估值越来越高，导致中小投资机构一片哀嚎。

赛道变热，机会来临，玩家自然会像潮水一样涌进来。有多疯狂？

根据中国半导体行业协会的统计数据：国内芯片设计企业数量2019

年为1780家，同比增加82家，增速为4.83%；2020年为2218家，同比增加438家，增速为24.61%。

透过现象看本质，半导体项目受到追捧，导火索是美国对中兴的禁运，然后制裁华为又把事态进一步升级，于是国家出于供应链安全的考虑，为了加快关键重大产业的国产替代进程，出台了很多产业扶持政策，引导资本投入到实体产业里面去。在这样的情况下，以集成电路为代表的半导体产业率先获得资本的重视，所以就出现了投资人"扎堆"追着投的现象。

在这一波半导体投资热中，确实有不少本来就很有发展潜力的好公司获得了资本的加持，得到了前所未有的加速度，抓住市场供需失衡的趋势红利，最终成功在科创板上市。

事实上，每个行业都有各自的发展周期和当下趋势，不管你的公司需不需要融资，都应该顺势而为，获取趋势的红利。

当风口来临时，猪都能飞上天。

你是雄鹰，没道理连猪都不如。

出众的竞争优势

如果有一天，你突然看到隔壁做同样产品的老王获得了投资，你会有什么样的感受？估计你会发出像"3W法"的三个问题那样的疑问：什么（What）？为什么投老王不投我（Why）？老王怎么做到的（How）？

在商业的世界里，竞争是常态，无处不在。每一个创业公司都有竞争对手，如果没有，那你选的方向可能出了问题。

同一个赛道里，投资人面对众多的同类型创业项目，会投谁呢？大概率会投这个赛道里前两三名的头部玩家。

头部公司具有竞争对手无可比拟的明显竞争优势，在优胜劣汰的竞争中更容易存活并且壮大。对风投来说，这意味着更低的风险和更高的成功确定性。

如果你面对的是竞争激烈的红海，那么告诉投资人，你凭什么可以抢别人的蛋糕。

如果你面对的是快速增长的蓝海，那么告诉投资人，你凭什么可以更快地抢到蛋糕。

第4讲　日常：投资人的工作轮回

如果你正在融资或准备去融资，那我强烈建议你，一定要了解未来的交易对手，也就是投资人，到底是怎样的一种职业，他们的工作目标和方式是什么，又是怎样一步一步地完成一个项目投资的。当你做到知己知彼后，就可以更好地把握融资节奏并预判结果，及时做出正确决策，避免失误。

我按照投资人从接触一个项目开始，到投资，再到退出的流程，总结出他们在"投管退"当中的5个标志性工作模块，供你参考。

寻找项目

对投资人来说，项目犹如水源，是所有工作的起点。没有项目，什么都没有。所以，寻找项目是投资人的日常性工作。

不过，寻找项目只是手段，过滤出优质项目才是目的。任何投资人都没有办法保证渠道过来的项目的质量，为了更好地对抗概率，只能放大基数，从大量的项目里面过滤出那些优质的标的进行跟进。

在不比较识别能力和投资水平的前提下，找到好项目其实是一个概率问题，或者说是运气问题。而勤奋可以帮助增加这种运气，所以每个投资人都会有意识地去建立获得项目的渠道来源。

比如，通过创业大赛、路演活动等公开渠道触达项目。又或者，通过科技园区、行业协会、圈内人脉以及专业FA等个人渠道和专业渠道获得项目信息。

专业FA是投资人非常重视和欢迎的项目来源，因为这往往意味着项目质量的保障和投资偏好的匹配，以及后续开展尽职调查（简称"尽调"）、谈判、交割等工作的高效率和项目高投成率。

尽职调查

过滤出优质项目后，投资人会做进一步的跟进。这个过程大概是：初步接触—实地考察—签订保密协议（NDA）—获取项目资料—初步尽职调查—项目立项—签订投资条款协议（TS）—正式尽职调查。

看完这个流程后，你有没有一种道长且阻的感觉？不过也不用太担心，每家投资机构的做法不太一样，上面展示的其实是一个比较完整的"套餐"。

一般而言，进入正式尽职调查流程之后，早期项目的业务尽职调查平均耗时1～2个月，基本上由投资人自己完成。财务和法律尽职调查需时1～2周，可能由机构内部的财务、法务人员完成，也可能聘请外部的会计师事务所和律师事务所执行。中后期项目体量更大，涉及层面更广，尽职调查耗时会相应延长。

对于尽职调查，不同的投资机构有不同的风格，时间或长或短，流程或严谨或简化，既可能慢到让你心急火燎，也可能快到让你喜出望外。事实上，尽职调查是投资人用来识别项目风险和验证投资逻辑的重要手段，所以相对来说最花时间。

如果你聘请了专业FA，而恰好他又可以为你出具专业的尽职调查报告，尽职调查时间则会从 2 个月缩短到大约 2 周。根据实际操作经验，一个 A 轮融资项目，投资方在我们提供详细尽职调查报告的基础上，2 周内应该可以完成补充尽职调查。从初步接触项目到项目上会、通过并做出投资决策，总时长大概是一个月多一点。

关于投资人具体怎样做尽职调查，你又应该怎样去应对，我会在融资执行篇专门用两讲的篇幅进行介绍。

条款谈判

好不容易，尽职调查终于做完了，接着做什么呢？

谈条件。

你需要跟投资人就投资协议和股东协议里面的投资期、管理期和退出期条款逐一商定，等谈妥之后就可以签订协议，进行交割。

不管是作为 VC 的投资方、创业者的融资方还是 FA 的居间方，谈判桌的三边我都坐过。对于条款谈判，我个人的体会是：这是整个投融资过程里面，最精彩但也最费神的环节（对投资人来说：找项目费腿，看项目费嘴，尽职调查费脑，谈判费神）。

精彩，是因为唇枪舌剑的交锋；费神，是因为条款数量和类型的繁杂、"尔虞我诈"的博弈以及稍不留神就会踩到的坑。

条款谈判是一场利益和代价的博弈，你有没有融资谈判经验，将会是两种截然不同的结果。

关于协议条款和谈判技巧，我会在融资执行篇中为你从头到尾捋一遍。

投后管理

投资人投了项目，你也融到了资，接下来他要做的是对你的公司进行投后管理。

投资人不是只出钱吗，还要对公司进行管理？

投资人对所投公司的投后管理是基于公司法、公司章程规定和协议约定，在股东会、董事会和监事会层面，行使相应权利的一种管理。

投后管理的本质是保障资金（投到公司里面的钱）的安全，同时让资产（股权）得到增值。也就是说，投资人要管控钱投到你公司之后可能面临的风险，并且为你提供服务，实现资产增值最大化。

如果你没有好好经营公司，或者经营的思路不对，比如乱花钱、方向错了、扩张太快等，投资人会在股东会、董事会上提出反对意见，甚至还可能会行使约定的权利，一票否决你。

当然，他也会为公司的发展出谋划策，让你少走弯路，至于能帮到多少，要看他的能力，也要看他的精力，他在越多的公司里面担任董事，可以分配到每一家公司的时间自然就越少。

总的来说，投资人对项目的投后管理是在公司的合法合规和发展战略层面进行监管和指导，并不会深入到公司的实际运营层面去指手画脚。毕竟，投资人不可能比创业者更懂实际业务，而且他还得去找其他的项目来投资，这才是他的本职工作。

在我接触的创业公司中，很多创始人都希望投资机构能够带来客户、订单资源，但这种想法其实存在很大的误区。我始终认为，投资机构不可能在这方面越俎代庖，给创业者资金的同时，也把客户和订单一并送上。这不是机构有没有资源的问题，而是创始人接不接得住的问题。

在我看来，投后管理最有价值的地方，是投资人给创始人在认知和思维模式上带来的持续升级。

目前，投资机构的投后管理有 4 种模式，分别是：

（1）投前投后一体化——投资经理负责制。

（2）投后专业化——投后管理部门负责制。

（3）矩阵式——投资经理+投后管理部门。

（4）外部专业化——外聘管理咨询公司。

项目退出

在投资人的 5 个工作模块中，项目退出是非常关键的投资闭环工作。

专业的投资机构会有基金的内部收益率（IRR）要求，对于项目退出的目标就是达到这个收益指标。所以，投资人需要判断在什么时候，以什么样的方式退出更为有利。

从结果来看，项目退出有两重意义，一是变现盈利，二是隔离风险。变现盈利是对成功的项目而言，可以通过二级市场或一级退出，赚取股权增值带来的收益。隔离风险则是针对失败的项目，需要通过清算进行退出，尽量收回残留资本。

经营失败的公司只要还存续一天，就有可能继续产生负债或者发生各种各样的不利事项。投资机构只有通过法律流程完成股东名录上的脱离，才能够把这些风险真正隔绝开来。

事实上，投资失败的案例远比成功的案例多，所以很多时候隔离风险比变现盈利更为重要。

第 2 章　系统工程

创业融资到底有多复杂

第 5 讲　轮次：你融的是哪一轮

我的一个客户正在往 AIoT（人工智能＋物联网）方向转型，已经把系统平台研发出来了，正在落地解决方案，准备启动融资。

他问我："现在融的是哪一轮呢？公司以前从来没有融过资，属于天使轮吗？但是原业务已经有成熟的产品和稳定的订单，属于 A 轮吗？"

我说："都不是，你这一轮融资是为了发展转型后的新业务，应该属于 Pre-A 轮。"

或许你也有同样的疑惑，自己的公司到底在融哪一轮？

其实，融资的轮次跟游戏关卡一样，要打通一关才可以进入下一关。

天使轮

你发现了一个商业机会，找来几个小伙伴，准备一起创办公司，撸起袖子大干一番。万事俱备，只差钱了。于是，跟千千万万的创业者一样，你准备去寻找天使投资人来投资你的公司，这就是天使轮融资。

为什么叫天使？因为这个时候的你，可能连公司都还没有，只有一两个合伙人，和一个不知道能不能实现的想法，或者是实验室里面捣鼓出来的产品样机，离产品量产还有段距离，看上去实在有点不靠谱，但是投资人依然愿意出钱投资你，对于此时的你来说，他就像天使一样。

一般来说，天使轮项目的融资额度在几十万到上千万元不等，我自己投过的天使轮项目最高额度是 1000 万元，而有些特殊项目可能更高。

天使轮投资最考验投资人看人的眼光和对未来的判断，因为处在这个轮次的创业公司暂时只有一个团队，产品还没完全做出来，客户的需求也没有经过验证，不知道第一批用户或者客户在哪里，现金流结构连个影子都看不见，盈利还只是个美好的想法，更不用说跑通商业模式。

可以说，天使轮愿意投资你的投资人，他承受的是血本无归的风险，你要好好珍惜他。

A 轮

什么时候可以进入 A 轮呢？

当你把产品做出来，并且得到了市场的初步认可，种子用户或者客户有了可预判的增长趋势时，就相当于把进入 A 轮的关卡打通了，排除掉了产品风险，可以启动 A 轮融资了。

如果没有把产品做出来呢？又或者做出来没人用没人买呢？还能去融 A 轮，拿钱继续做产品，或者把产品做得更好吗？

不能说不行，但是会比较难。

还记得在第 1 讲里我说过什么吗？资本的本质是逐利，它只会锦上添花，不会雪中送炭。要逐利，先要做到避险。如果你没有完成 A 轮的通关，排除掉产品风险，几乎很难完成 A 轮融资。

那一开始说的"Pre-A"轮又是怎么回事？

Pre-A 轮是介于天使轮和 A 轮之间的一个过渡轮次。就像开头说的那个从来没融过资、正在进行业务转型的项目一样，它已经具备完整的团队，产品已完成研发，正在跟种子客户落地具体的行业应用方案，但还没完全得到市场的认可，只排除了一部分的产品风险，加上融资额度不是很大，可以用 Pre-A 轮作为过渡。

你应该看出来了，不是第一轮融资就是天使轮，轮次与次数不存在直接关系。

按照这么说，天使轮和 A 轮之间有过渡的 Pre-A 轮，那 A 轮和 B 轮之间是不是也有个 Pre-B 轮？

可以有，但不算多见，按行业的惯例叫法是 A+ 轮或 A2 轮。

为什么要来个"+"？

因为要验证。进入 B 轮前要排除的 A 轮风险是"收入风险"。产品做出来了，种子用户也有了，但市场在哪里呢？目标客户是谁？他们为什么愿意付钱？愿意付多少钱？会有多少人付钱？这些问题都是 A 轮要排除的收入风险。

A+ 轮就是为了得到更多资金和时间，去找准市场和客户，去验证公司的"收入模型"是否真正有效而做的一轮融资，属于 A 轮的延伸。

B 轮

当你找准了市场方向、目标客户，开始产生营业收入，而且收入持续快速增长，逐渐形成了核心竞争力之后，那么恭喜你，收入风险解除，可以解锁 B 轮融资了。

B 轮基本上是 VC 的最晚轮次，也是 PE 能够接受的最早轮次。这一轮融来的钱，是用来赚钱的。

为什么这么说？

天使轮和 A 轮融资是为了让你能够组建团队、做出产品、找到客户并且卖出去，形成收入。

而 B 轮融资是为了让你在有了收入之后，在目前的业务系统下，找到盈利模式，排除掉"盈利风险"，开始赚钱。

什么是业务系统？什么是盈利模式？

北京大学汇丰商学院魏炜教授在《发现商业模式》一书中给出了定义：业务系统是指企业达成定位所需要的业务环节、各合作伙伴扮演的角色以及利益相关者合作与交易的方式和内容；盈利模式是指企业如何获得收入、分配成本、赚取利润。

完成 B 轮融资后，你需要解决 4 个问题，分别是：掌握核心资源、优化收入结构、控制成本结构、理顺关键流程。然后，建立起围绕核心业务的支持系统，把商业模式跑通，才能解锁 C 轮融资。

C 轮

来到这个阶段，或许你会产生一个疑惑："公司已经赚钱了，还需要 C 轮融资吗？要来做什么呢？这样不是又稀释掉股权比例了吗？"

这个时候，既要看你自己的选择，也要看前几轮投资人的选择：小富则安还是大展宏图？

也许，你也没有太多的选择，因为前几轮的投资协议里或许就包含了"5 年内如果公司无法上市，创始人要承担回购责任"的条款。要对投资人负责，也要对公司负责，更要对自己负责，在各种有形无形的压力下，你只能继续狂奔了。

既然选择继续往前走，那 C 轮融来的钱用来做什么呢？

用来扩张。B 轮融资验证的商业模式，属于单点验证，是在某个区域内或某个群体中有效的商业模式。既然有效，那就试试复制到其他地方，看是不是也行得通。可是，复制需要成本，单靠 B 轮融资之后赚到的一点点利润还远远不足以支撑业务的扩张，你需要更多的资金。

银行贷款可以吗？

可以，不过银行不会给太高的授信额度，创业公司也没有太多的资产可以用来抵押，通过贷款到手的钱不能满足扩张的需求。

债权融资可以吗？

最好不要，因为债权融资主要是为了解决企业营运资金短缺的问题，用来扩张太冒险，投资人大概率不会同意这种做法，很可能会在董事会上一票否决你。

最好的办法，是寻找 PE，继续 C 轮融资。

能够进入 C 轮，证明你的公司已经具备不错的增长潜力，估值会再次往上调高，这时候只要把握好扩张的节奏，做好资金需求规划和预算使用计划，稀释的股权并不会太多。

利用 C 轮融来的钱，你就有可能迅速把规模做大，提升市场占有率，获得更好的客户结构和上下游议价能力，赚到更多的钱。

D、E、F……轮

你听过著名的"C 轮死"魔咒吗？

就是大批的创业公司，"死"在了这一轮里，再也见不到 D 轮。这种现象在前期需要烧钱的互联网项目比较多见。

前面说过，C 轮融来的钱是用来扩张做大规模的。而随着业务和规模的持续扩大，公司的运营和管理复杂度会直线上升，带来很大的"运营风险"。这个时候，你需要从外部引入更多的专业人才，比如职业经理人、运营和管理专家等,帮助你对内完善机制、巩固基础,对外攻城略地、持续扩张。

当你一路过关斩将、排除万难走到 D 轮时,基本上就应该为上市做准备了。D 轮及后面的轮次,融资额度相对较大,出让股权比例相对较小,融资的主要目的有四个:

(1)背书站台:公司上市前引入战略投资机构或知名基金,可以提升市场信心,提高股票发行价格。

(2)外汇资金:如果在海外上市,重组需要外汇,引入美元基金可以完成这项操作。

(3)流动资金:从股改到上市是一个费时费钱的过程,上市前的融资可以补充流动资金。

(4)提前退出:有些投资人在很早的轮次已经投了你,或许他管理的基金也已经快要到期,等不及公司上市了,如果没有其他基金接盘,上市前的融资可以让他通过转让老股提前退出。

第 6 讲 过程:打游戏吗?"一关没过从头再来"的那种

盖一栋楼,需要经历方案设计、垫层基础、主体结构、水电管网、装饰装修、验收交付等主要环节,每个环节都有先后顺序和完成标准。

融资也一样,有特定的步骤和流程。

按照行业惯例,你将会在执行的过程中经历以下 5 个阶段。

机构触达

第一步是连接,也就是先找到投资人。

虽然我们身处一个信息传播效率非常高的互联网时代,但是酒香也怕巷子深,即使你的项目再优质,也需要先让别人知道。投资人每年接触的项目数以百计，如果你不主动出击，那他们看的就是别人的项目了。所以，在融资这件事情上面，"高冷"是不存在的。

说到这里，你可能会想：难道好项目不会被传播开来吗？

很遗憾，不会。这种"裂变"传播需要提供足够的利益才可以驱动起来，比如通过"分销海报"分享自己买过的产品，别人看到之后也下单购买，分享的人就可以拿到分销佣金。但是，在风投这个圈子里，除了投过的项目之外，投资机构基本上不会主动去相互传播一个优质的投资标的，这对它们来说没有任何好处，自然也就没有任何驱动力。即使要传播，也只会在寻找其他机构"合投"的情况下，小范围内单线联系询问。

更多时候，投资机构之间的主要关系是"竞争"关系，一个好项目，这一轮 A 机构投了，B 机构就投不进去。如果 A 机构和 B 机构合投，那 C 机构就投不进去。正如我在第 1 讲中说过的，所有的行业和市场都存在竞争，风投这个行业也不例外，投资机构在募资上要抢出资人，投资要抢项目。

明白这一点，可以帮助你在融资这件事上，更好地看清自己的议价能力，做出合适的应对策略。

此外，我还要提醒你一点，你的朋友或合作伙伴同样也没有动力去给你找投资人，除非你给他们支付足够有吸引力的报酬。不过，我相信他们在融资这项复杂的系统工程上并不够专业，大概率会让你失望。

所以，我建议你，还是靠自己主动出击吧。

关于怎样主动出击且高效率地找到投资人，你可以直接翻到融资执行篇中的第 26 讲，我已经在那里为你罗列了详细的渠道信息。

路演问答

找到投资人后，接着要做的是通过项目路演和问答交流，去展示你自己。项目路演是向投资人初步介绍你的项目，问答交流则是让他能够进一步了解你的项目。

根据场景的不同，路演可以分为正式比赛、小型专场和闭门会议三种方式。不同的方式有不同的条件限制和应对策略，问答交流也有不同的处理侧重，甚至通过线上还是线下接触也会要求你采用不同的方法，才能达到理想的效果。

比如，现在因为新冠肺炎疫情，越来越多的投资人选择在线上用腾讯会议等通信工具进行第一次接触，这就要求你掌握怎样在无法进行眼神交流和运用肢体语言做辅助的情况下仍然可以精准传递信息。

又比如，在线下沟通场景中，为了方便投资人在短时间内高效接收大量的项目信息并充分理解，你最好准备一个合适的会议环境和投影设备来演示用于融资的商业计划书，并且准备好能够让投资人形成直观感受的实物产品，或者图片与视频素材。

事实上，项目路演和问答交流涉及人的大脑对信息的输入、处理和输出，这是一项需要理论方法指导，并且要经过刻意练习才可以掌握的技能。只有很好地完成路演问答这个环节，你才能引起投资人的兴趣，把融资推进到下一个阶段。

不过，你也不用太担心，关于这两个技术活，我已经在第 8 章为你准备好"武功秘籍"了。

尽职调查

尽职调查是融资过程中最为耗时的环节。

有的机构会在正式尽职调查前与你签订投资条款协议，把一些重要的条款事先约定好，然后再推进尽职调查进程；有的机构则没有投资条款协议流程，尽职调查完成后如果推进上会并且通过，就会直接出正式协议。

通过第 1 章的内容，你已经知道一级市场的项目尽职调查可以分为业务、财务、法律三个维度。业务尽职调查一般由投资人负责完成，财务尽职调查和法律尽职调查则由机构的风控人员或者外聘的会计师事务所、律师事务所完成。

一般来说，投资人完成业务层面的风险识别和项目判断后，才会进入财务和法律的尽职调查，避免浪费人力和资金成本。

在尽职调查过程中，你需要根据尽职调查资料清单的要求准备相应的材料，应对高管访谈，并协助投资人完成供应商、客户以及合作伙伴等外部利益相关者的尽职调查访谈。

条款谈判

条款谈判是融资过程中最为费神的环节。

如果投资机构在尽职调查前要求与你签订投资条款协议，那你们的第一场谈判交锋就会从这里开始。事实上，投资条款协议里面除了保密协议、排他期和费用等条款之外，其他条款都不具备法律效力。

那为什么还要谈呢？

它的主要作用是让双方就总体的框架性条件达成共识，避免做完尽职调查后在条款谈判环节产生很大分歧，导致最后谈不拢。如果投资条款协议谈得顺利，可以为后面敲定正式协议的具体条款内容节省大量时间，在双方都不变卦的情况下，只需要补充细节和完善法律术语就可以了。

如果没有签订投资条款协议，那主要的谈判交锋就将放在正式协议上进行，估值、对赌、回购、董事会席位、一票否决权、各种优先权等，到时候会让你有种在脑袋里面进行了一场战争的感觉。

股权交割

签订投资协议和股东协议后，你已经完成了99%的融资工作。剩下的临门一脚，就是完成股权交割。

交割阶段你需要做两件事，一个是确保所有的先决条件都已经得到满足或被投资人豁免，另一个就是跟进打款，并且在拿到全部的钱之前，不要结束这一轮融资。

我会在第12章告诉你如何做好这两件事。

第7讲 时间表：什么时候去融资

我见证过很多创业公司的融资历程，关于创业公司应该什么时候启动股权融资，每个创业公司的情况都不一样，需要量身定做适合的融资规划。

根据大量案例的经验，我总结出六条原则，供你参考。

先做好准备，再启动融资

融资是一项复杂的系统工程，你需要做好各个方面的准备。

比如，进行一次全面的融资障碍排查，制订合理的融资计划，准备充分的材料，了解投资机构的基本信息和投资人的投资偏好，筛选出有可能投资你公司的机构和投资人，知道通过什么途径可以触达投资人，怎样进行有效的路演，掌握跟投资人交流的沟通技巧，了解投资机构怎样做尽职调查，清楚投资条款协议、投资协议和股东协议的作用和各项条款的陷阱，掌握谈判技巧、怎样高效完成交割等。

以上事项，都在本书的认知准备篇和融资执行篇的射程范围内。

在公司发展得好的时候去融资

资本只会锦上添花，不会雪中送炭，你现在应该非常熟悉这句话了。

要在公司发展得好的时候去融资，这个时候可以吸引最多的投资人，拥有最多的谈判筹码和最大的选择范围。

绝对不能在公司遇到困难甚至面临"生死"问题的时候才去融资，这个时候你大概率融不到资，因为投资人永远有更好的选择，比如那些发展得比你好的竞争对手。只投资同一个赛道的前两三名玩家，是很多机构都奉行的投资逻辑。

在这种时刻即使你幸运地获得了某家机构的投资，也很可能需要付出更大的代价，比如接受很低的估值，或者接受回购权、否决权、拖售权等一系列苛刻条款。由于公司正处于生死存亡的时刻，为了活下去，你也许只能憋屈且无奈地选择接受。

在市场钱多的时候适当地多融资

为什么要多融资？不是说会稀释股权吗？

两个原因。

一是资本有"寒冬"。

如果你关注一级市场，应该听过几年前的"资本寒冬"。那是一个经历了"人傻钱多、泡沫破裂、潮水退去、一地鸡毛"的至暗时刻。在那段时间，投资机构的募资变得非常困难，创业公司的融资也变得非常困难。这跟单个机构或者单个项目无关，而是由整个行业的发展周期决定的。我不知道下一个寒冬什么时候会来，应该也没有人会知道，但"积谷防饥"的道理我们都懂。

二是行业有"风口"。

一级市场的风险投资有个有趣的现象，投资机构会在某些赛道上"扎堆"投资，使得在很短的时间内大量资金涌入某个细分市场，人为地造出所谓的行业"风口"。如果你的项目正好处在"风口"，会受到大量投资人的关注,短暂的"供需失衡"形成了非常好的融资"窗口期",这个时候你就有机会用更低的成本,更容易地融到资,比如2021年的新消费赛道。

所以,在市场钱多的时候要适当地多融资。

预留最少6个月

融资也是一项非常耗时的工程。

在融资的准备阶段,一般需要1～2个月的时间;而在融资的执行阶段,则需要4～18个月的时间,甚至更长。

我建议你做好"极限生存"的准备。

什么是"极限生存"?

就是假设在6个月之内没有任何营收的极限情况下,公司还能存活,以支撑你走到拿到钱的那一天。

即使你经营的是当下受资本追捧的项目,或者是某个细分行业中的独角兽公司,我依然强烈建议你做好这个极限准备。

失败的明星项目,每年都有,你能保证下一个不是你?

最好的启动时间是3～4月,最差的是12月到次年1月

投资人全年的工作有着较为固定的周期和规律,所以融资的执行需要选择合适的启动时机。

每年的11～12月,是很多机构的项目上会密集期,投资机构和投资人为了完成年度目标,要做最后的冲刺。这时候投资人的精力都在完成尽职调查、排队上会的项目上,没有多余的时间去深入了解新的项目,接触你其实是为明年做项目储备。

进入春节前的一个月,尽职调查陆续结束或暂停,投资人的主要工作转向基金出资人的关系维护、已投项目跟进以及复盘团建。

春节后的一个月，投资人度过"节后综合征"，将逐渐进入快速运转的工作状态。

另外，年前和年后启动还有一个重要差别，就是一个"财务自然年度"完整与否。多数投资人会等项目的完整年度财务数据出来后再进行评估，毕竟等待的时间并不长。

所以，一年中最好的融资启动时间是 3～4 月，最差的是 12 月～次年 1 月。

启动本轮融资的同时，也想好下一轮

融资之所以是一项系统工程，是因为它需要与公司的发展规划高度匹配。

雷军先生说："看五年，想三年，认认真真做好一两年。"在一定的阶段，公司要保持快速发展，离不开资本的持续助力。你需要根据制定好的发展规划，结合未来的"里程碑"节点，去安排融资节奏。事实上，融资计划属于公司发展规划的一部分，而且是非常重要的一部分。

你可以这样跟投资人说："这一轮融资，我的资金需求是这么多，估值是那么多，这些钱主要用来做这几件非常重要的事情，达到某个里程碑之后，我会进行下一轮的融资，预估资金需求是这么多，主要是用来支撑下一步的发展计划，因为已经具备了这几项条件，所以到时候估值预计是那么多。"

有逻辑，有依据，有节奏，有规划，才是合理的融资方案。

第 8 讲　融资小组：融资是全公司的事

创业公司融资是耗时耗力又耗神的一件事，但你作为公司创始人，时间和精力是有限的，既要推进公司业务，又要解决各种的问题，如果

还要独立应付整个融资工作,那必定很难保证执行的效率。

融资是公司发展的重要组成部分,它不只是创始人的事情,它是整个团队甚至所有员工的事情。所以,你最好组建起一个融资小组,用团队的力量和智慧,用系统的协作和高效,去完成这项工程。

小组成员构成

融资小组应该包括哪些成员呢?

一般来说,所有经营性股东都应该作为融资小组的一员参与进来,因为融资这件事关系到公司的生存和发展,与核心团队成员的切身利益密切相关,每一位成员都有义务出尽全力把事情做成。

如果创始团队中没有成员担任首席技术官、首席营销官、首席财务官等重要角色,则要把相应的部门负责人加进来,并分配好各自的工作任务。

另外,如果对一级市场股权融资没有太多经验,也没有足够的投资机构资源,外聘专业 FA 是一个很好的选择,他能够帮助你提高融资效率和成功率,节省大量不必要的试错成本。

以我一个客户的融资小组为例,成员包括:创始人、3 位联合创始人、1 位财务总监加上 1 位外部顾问,一共 6 个人。

小组协作分工

融资小组成员之间应该怎样协作分工呢?

以刚才的 6 人小组为例,创始人是团队的灵魂人物、公司的实际控制人,对公司的历史沿革、发展现状和发展战略最为清楚,也是投资人的重点考察对象,所以安排创始人作为统筹负责人,端正姿态以表重视,主要负责对外输出和对接投资人,帮助投资人精准了解项目,加快推进速度。

3 位联合创始人分别为研发副总、供应链与生产副总、质检与运营副总，安排 3 人分别准备各自领域的尽调资料，并配合创始人与投资人进行交流，回答问题，应对高管访谈。

另外，安排质检与运营副总作为调度员，负责协调各个小组成员的事项跟进，梳理汇总需要提供的尽调资料，并作为唯一的正式文件对外窗口，协助投资人完成尽调以及各种协议的签订。

财务总监不是公司的创始股东，但属于骨干员工，拥有公司期权激励，安排财务总监负责提供公司财务资料，应对财务尽调，并在财务层面提出与融资有关的合理建议。

而外部顾问作为这个项目的 FA，负责提供战略梳理、商业模式分析、第三方尽职调查报告暨投资建议书、商业计划书的重新编写、路演培训、机构推介、组织会议、陪会复盘、问答记录、协助投资机构尽调、协助双方谈判、跟进交割等的全周期服务。

你应该看出来了，这个小组有核心人物统筹全局，有公司内部人员参与协助，有外部顾问提供服务，还有统一的对内、对外事务接口，所有成员分工明确、各司其职，形成一个高效协作的整体。

小组决策机制

融资过程中往往会遇到很多需要快速决策的事项，比如关系到市场竞争的机密信息要不要提供，影响重大且深远的回购权条款能不能接受，拥有不同资源且程度也各异的机构到底选哪一家等。

所以，融资小组需要一套高效的决策机制。这里，我给你三条建议。

（1）信息同步。利用一些效率工具，比如微信群、云端网盘、线上协作文档等，把可能影响融资的最新信息和资料第一时间同步给小组成员，并确保所有人都已经无障碍接收和理解，打破信息不对称。

（2）充分讨论。每个人的认知维度和深度都是有限的，小组成员就需要决策的事项进行充分讨论，利用集体的智慧，可以最大程度上规避认知盲点和决策误区。

（3）股东决策。融资关系到所有股东的直接利益，决策上要采用股东会的"一股一票"表决机制，而不是董事会的"一人一票"。除此之外，如果个别股东对某个事项有较大的反对意见，应该遵循公司利益为先的原则，由创始人负责协调确定，这是作为创始人的责任和义务。

第9讲　资金需求：下一个加油站有多远

每当跟创业者聊到要融多少钱的时候，我都会问一个问题："这轮的融资额是怎样得出来的？"

很多人的回答是："没仔细算，感觉大概需要这么多钱，如果不够就多融一点呗。"

如果你是投资人，你会怎么看这样的创业者和他的公司？

资金需求额是融资路上一个非常重要的要素。从结果上，它不单决定了你要出让多少比例的股权给投资人；在过程中，它还从很多方面影响着你的融资是否能够顺利完成。

融多少钱绝对不能光凭感觉或者拍脑袋决定，而要综合考虑多方面的因素去计算得出。

融资额影响融资对象

如果你刚起步创业，需要几百万元，可以去找个天使投资人、投种子期的 VC 或者扶持性质的国资投资机构。

如果你需要 1000 万元，可以去找从中型以上的 VC，或者多家小型 VC 联合投资。

如果你需要 5000 万元，应该去找大型 VC 或 PE，又或者一家能领投 2500 万元以上的投资机构，剩下的额度找其他机构跟投。

如果你需要几个亿，这个资金量已经超过了绝大部分 VC 单个项目的投资金额上限，只有资金管理规模足够大的 PE 才能满足你的"胃口"。

融资额影响着你在融资路上的交易对象是谁。你要根据资金需求量的大小去寻找合适的投资机构，否则只会浪费时间，消耗激情。

融资额不要远超实际所需

假设你实际的资金需求是 3000 万元，对外融资额是 5000 万元，有投资人对你感兴趣，但是他只投 2000 万元，离 5000 万元还差了一大截，怎么办？

降低融资额吗？投资人可能会觉得你的发展计划改变得太随意了，资金使用计划也做得不仔细，把钱投给你风险太大，再考虑考虑吧。

坚持融资额吗？投资人可能会持消极态度，觉得离融资目标还差 3000 万元，你不一定能在短时间内找齐跟投的机构，再观望观望吧。

跟投资人交流的时候，不要试图用变更融资额度去引诱他，这样做会适得其反。如果当初设置的对外融资额与实际所需一致，这个时候你就可以跟其他投资人说："我需要融资 3000 万元，现在已经有机构领投 2000 万元了，还可以考虑再让一两位投资人加入。"

这种情况对很多投资人来说是非常有吸引力的，因为一来有领投机构做市场背书能够增加信心，二来你的项目有可能成为一次超额认购的融资，投资成绩单更好看，有助于投资机构持续募资。

最好不要设置融资额区间

也许，给出一个融资额区间，比如 800 万～ 1000 万元，能让你感觉有回转的余地,在没有融到最高额的时候至少还能满足下限,心里更踏实一些。但是,这样做却会给投资人带来疑惑,到底是800万元还是1000万元?你是不是没有认真思考过自己真正需要多少钱?是不是在对冲自己的赌注?

我已经不止一次听到投资人抱怨这样的做法,即使投前估值没有争议,但融资额不确定会使得投后估值也不确定,投资人就无法明确最终可以获得多少股权,这给他们向决策层汇报和推进项目上会的时候带来很多不便以及不确定的影响。

另外,也许800万元和1000万元对你来说差异不大,但对投资人来说却不一定。比如一个天使投资机构单笔可以投资的最大额度是500万元,如果你的融资额是800万元,那它可以成为领投投资人。但是,如果融资额是1000万元,它就只能做联合投资人或跟投投资人。对于做风险投资的人来说,领投项目和跟投项目,差别是很大的。

所以,最好不要设置融资额区间,这容易给你的融资增加难度。

用成本管理计算融资额

有一些创业者认为,通过财务模型可以计算出多少资金量能让公司实现正向现金流,这个资金量就是融资额。这个办法理论上是可以的,可遗憾的是所有的财务模型和预测都不可能100%准确,尤其是对创业公司所做的预测。

你应该关注的是,设置的融资额能否让公司坚持走到下一个里程碑。

比如,你刚刚开始创业,那需要多少钱和时间才能开发出第一个产品呢?如果产品已经上市,又需要投入多少营销和销售费用、耗费多长时间才能获得一定的用户数量或营收水平呢?

不同的公司有不同的发展规划和阶段性里程碑,各自走到里程碑所需要的时间和资金也差异巨大。

比如，你是做培训服务的，只要师资到位就可以开始营业；如果是做移动端 App 的，一年内应该可以让产品上线试运营；但如果是做游戏开发的，那至少需要好几年并且要花费很多钱。

当然，你无须执着于时间的预测有多准确，商业世界瞬息万变，计划通常都赶不上变化。你要做的是，在趋势判断和战略方向正确的基础上，保证公司账上有充足的资金去走到下一个"加油站"。

比如，需要招聘多大的团队、购买多少生产设备、投入多少广告预算才能达到预期的增长速度？每个月的固定成本和变动成本是多少？流动资金能不能应付账期压力和坏账风险？达到既定的里程碑后，还有没有足够的钱坚持到下一轮融资进来？

看到这里想必你已经明白，成本管理很重要，它可以帮助你计算出真实的资金需求。

事实上，投资人也会通过资金使用计划去分析你在公司业务发展上的规划思路，从而判断你运营和管理一家公司的能力。

最后，我要提醒你，最好不要过分明确里程碑的具体目标，因为这可能会被写进对赌条款⊖里，成为你必须实现的目标。

自己挖个坑，然后自己跳下去，这样的事有点傻，你说是吧？

第 10 讲 估值幻想：融资不以估值论成败

一位创业的朋友问我："有什么办法可以把估值谈得高一点呢？"

我问他："你的目的是什么？目标值是多少？"

他说："当然是希望少稀释一些股份，这才到天使轮，后面还有好几

⊖ 对赌条款包括估值调整和回购等条款，但在正式协议上不会用"对赌"这样的字眼，而是按金融行业的规则编制整个协议的内容。

轮呢，我觉得不能低于 8000 万元，你觉得行不行？"

坦白说，我不知道 8000 万元的估值行不行，因为我还没有对他的项目做尽调，没用估值模型测算出参考值，也没跟竞对（竞争对手）项目的同轮次估值做对比，没有任何发言权。

但是，我知道这样的心态肯定不行。

高估值的利弊

正如这位朋友所说，高估值的好处是可以降低股权的稀释比例。

还有其他好处吗？在我看来，除了可以带来市场名气，再也没有了。

那坏处呢？还真不少。

首先，高估值会吓退本轮投资人。

投资机构是通过所投资公司的股权或股份的增值来赚钱的。也就是说，投资人会对公司的估值有一个持续增长的期望。早期项目的估值如果太高，投资人会认为未来的回报和现在所承受的风险不匹配，这笔投资不划算。

其次，高估值不利于后续融资。

正常情况下，公司下一轮融资的估值一般会比上一轮高。这一轮做高估值，则意味着下一轮的起点变高，如果没有足够的"比较优势"或者"业绩增长"作为支撑，下一轮的估值就会缺乏依据，这将大大提高后续融资的难度。

如果下一轮只提高一点点估值呢？

这种做法明显不符合增长的逻辑，新的投资人会怀疑你的公司是不是做得不好？是不是在经营上遇到了什么困难，为了再次融资才象征性地提高一点点估值？而原投资人则会因为他持有的股权被稀释的比例过高而不同意。况且，如果两轮的估值差不多，那原投资人为什么要这么早投进来呢？从占用资金的时间成本和机会成本的角度看，会显得他当时投资你的决定很不明智。

如果降价融资呢？

这个逻辑更不成立，公司如果发展得好不可能"降价"融资，如果发展得不好降价也融不到资。

最后，高估值往往伴随着高难度对赌和大压力回购。

如果投资人愿意接受高估值，为了对冲风险，他很可能会提出一些比较苛刻的条件。比如，高难度的业绩对赌，这意味着你将会背上很大的业绩增长压力，这对需要资金去蓄力爆发的早期创业公司来说非常不利。又比如，把上不了市就回购的时间期限从原来的 5 年缩短到 3 年，这种情况下上市的不确定性会让你面临很大的回购压力，而且"上市"这个目标也可能会令公司的长期战略规划发生重大变化，不利于持续健康发展。

怎样的估值才算合理

怎样的估值才算合理，让双方都能接受呢？

我总结出三条原则，供你参考。

第一，你不吃亏，投资人也有得赚。

事实上，吃不吃亏是一种主观的表述，并非客观的评判。不过你仍然可以用科学的办法帮助自己做决策。比如，你可以给一些自己觉得重要的因素，比如融资额度、出让股权比例、董事会席位、对下轮融资的影响程度等，赋予不同的权重，然后分别从正面和反面，写出这些因素将会带来的影响，并给这些影响打分（见表 2-1）。之后，再将所打分值乘以对应的权重系数，就可以得出这个因素的正面影响和反面影响的加权分值。最后，把所有正面影响和反面影响的加权分值分别相加，得出两个最终加权分值。比较这个两个数字，正面加权分值高就是不吃亏，反面加权分值高就是吃亏，用数学的思维把主观的问题客观化。

表 2-1 项目估值考虑因素加权评分表

考虑因素	权重系数	正面影响	分值	加权分值	反面影响	分值	加权分值
融资额度	1.5	资金助力加速业务发展	9	13.5	资金支撑时间不足一年	8	12
出让股权比例	2	稀释比例在可接受范围内	8	16	持股比例接近控制权的安全阈值	7	14
董事会席位	1.4	机构代表经验较为丰富	6.5	9.1	失去董事会一个席位	8.5	11.9
对下轮融资的影响程度	1.7	比均值稍高影响不大	7	11.9	小步快跑多融资策略难度变大	6	10.2
⋮							
合计		正面加权分值		50.5	反面加权分值		48.1

有没有得赚也一样，这个是投资人需要考虑的事情，如何找到双方的利益平衡点，建议你去寻求专业 FA 的帮助。

第二，不要高于市场均值 20% 以上。

我还是用数学的思维来帮助你理解。假设 A 轮估值是市场总体平均值的 120%，往后两轮的估值都按照高出市场价 20% 的比例来完成，那么三轮融资后，估值 = $(120\%)^3$ = 172.8%，高出市场平均值 72.8%。对于 C 轮估值已经高出市场平均值将近一倍的项目来说，除非业绩能持续增长挺进 D 轮，否则后续融资将变得难以为继，倒在著名的"C 轮死"魔咒之下。

这个时候你也许会想，在 B 轮或者 C 轮把估值降下来不就好了。前面说过，估值只涨一点点不符合增长逻辑，原投资人也不会同意。而且，你真的能做到只涨一点点吗？

相信我，不要考验人性，包括你自己的。

第三，尊重数据，找到支撑依据。

在估值谈判的过程中，你和投资人交锋最多的点应该是"开这个估值的理由是什么"。

举个例子。罗辑思维在 B 轮融资前的估值预期是 3 亿美元，华兴作为它的 FA，认为应该按照 2 亿美元的估值进行融资，理由之一是："要尊重数据，罗辑思维目前的运营数据是否能够支撑起 3 亿美元的估值？"

尊重客观数据，找到支撑估值的合理依据，才能融得快、融得远。

我写这本书的时候，半导体项目持续火热，比如一个 IC（芯片）设计公司的估值动不动就 1 亿元起步，还是连"流片"都没做过的那种；又比如一个做集成电路基板封装耗材（一种新型黏合材料）的项目，打着国产替代的概念，公司还没注册，团队的人也不齐，张口开价就是 3 亿元。

很多我认识的看半导体赛道的投资人都抱怨项目太贵，估值被炒得太高，已经没有什么性价比可言。在这样的泡沫下，一旦发生什么风吹草动，比如美国禁运缓和、市场增长不及预期、新建产能加速释放、科创板审核再次加严、某个明星项目突然爆雷等，都可能触动资本那条敏感的"避险"神经，导致市场遇冷，泡沫被挤破。真到了那个时候，成为"资本无法承受之重"的高估值项目又该如何走下去呢？

这一轮你如果不尊重市场，下一轮市场就不会尊重你。

估值都是谈出来的

你可能了解过一些测算估值的计算模型，比如 P/E 估值法、P/S 估值法、P/B 估值法、EV/EBITDA 估值法……这些估值模型确实可以在满足一定条件的范围内提供有一定参考意义的数值，帮助你更好地进行判断。

不过，我要告诉你，越早期的项目，用估值模型计算出来的数值越失真。任何一种估值模型，都有特定的使用范围，公式中的变量需要满足前提条件才会有效。早期项目不确定性太高，各个维度的计算变量几乎无法反映未来的真实情况，计算结果的偏差必然很大，你务必要辩证地去看待用模型测算出来的估值。

事实上，我从未见过项目方和投资机构谈估值是坐下来用模型算一算就可以达成共识的。我只见过在一种情况下投资机构不与项目方就估值讨价还价，就是创业者在一开始就给出一个大家都认为合理的估值。

其他时候，估值都是谈出来的。

第11讲　融资障碍：有些项目注定融不到资

一家创业公司找我做咨询，创始人问："某公司（同赛道不同细分市场的竞争对手）能融到资吗？"

我反问："你觉得呢？"

他说："不可能吧，项目那么差。"

我又问："差在什么地方呢？"

他说："团队里没什么厉害的人啊，产品东拼西凑不是自己研发的，市场上还那么多对手……"

我笑了笑，告诉他："你说的团队、产品以及赛道拥挤等问题确实会让投资人更加谨慎，但这属于业务层面的风险识别和项目判断，还不是它融不到资的根本原因。这家公司我了解过，它在其他方面有更大的障碍，有经验的投资人一看就知道上会绝对过不了，所以聊者寥寥。"

那么，有哪些"障碍"会导致公司融不到资呢？

股权问题

想必你已经知道类似"股权平均分配"或"一人占了超过90%但其

他人加起来不到10%"等形式的股权比例分配是大忌，这里我不再重复。

分析问题之前，我们先来洞察问题的本质。股权问题会让投资人望而却步的根本原因，在于"稳定性风险"和"合规性风险"。

股权作为一种载体，承载着两个很重要的东西，一个是在公司股东会、董事会以及监事会层面由公司法所赋予的"事权"；另一个是按照股权比例享有的"分红权"和股权在交易过程中产生的"财务性价值"。

因为"事权"或"财权"而撕破脸的团队太多太多，我投资过的项目里就有一个，服务过的融资项目里也有几个，或许你自己都可能经历过。对早期创业公司来说，技术、产品、渠道、营销等方面的问题都是次要的，最关键的是核心团队稳定。如果内部根基都不稳，心不在一块，力不往一处使，基础条件再好都走不下去，无尽的内斗只会一步步地把公司拖垮。这样的项目，投资人碰都不敢碰。

除了"稳定性风险"，其他一些涉及股权的"合规性风险"也会阻碍你的融资步伐。

比如，股权代持问题。

出于各种各样的原因，有的创始人为外部资源方代持了相当比例的股权。对于这种情况，投资人一般会保持慎重，要对被代持方的背景、代持比例以及缘由等情况做深入的调查和评估。如果项目的吸引力足够大，投资人会想办法把代持问题提前解决，比如要求结束代持行为，让外部资源方成为显名股东，又或者要求创始人把股权回购回来。

说到这里，你可能会想，不告诉投资人不就好了？

现实中，确实有一些创始人为了不影响融资，会冒着违反协议约定的风险，把代持行为隐瞒下来，不对投资人进行披露，想着以后悄悄解决就可以了。但是，随着公司的估值越来越高，解决股权代持问题的成本也会越来越高，直到无力解决。等到公司有机会上市，却因为这个一开始就不合规的代持问题而受到严重影响时，损失就难以估量了。

又比如，股权交割未尽问题。

说一个真实案例，我的一个客户在经过投资机构的长时间尽调后终于上会通过，但却卡在了条款谈判环节。问题出在什么地方呢？较早之前，首席技术官因为某些原因选择退出公司，离开前与创始人约定，按照谈好的价格回购他持有的全部股权。本来，创业团队成员的聚散离合是很正常的现象，然而这个股权回购的问题在于，股权的转让已经完成了工商变更，首席技术官也退出了股东名录，但回购股权的钱还没收到（还没到约定打款的最后限期），股权交割没有全部完成。

投资人认为这种情况可能会对公司未来上市造成未知影响，潜在风险较高，于是在投资的先决条件中提出要求，创始人必须先完成股权回购款的支付，投资人才会进行投资。但是，创始人如果有钱早就付了，现在短时间之内又可以去哪里筹钱呢？

最后，与投资人经过多次谈判交锋，终于找到了一个双方都能接受的办法，就是把这轮投资拆成"转股"加"增资"两个部分的一揽子交易，"转股"部分的资金让创始人用来支付股权回购款，"增资"部分的资金相应减少，两个部分的交易按不同估值进行，整体估值稍微下降。这样，既让融资方解决了历史遗留问题，获得投资，也让投资方消除顾虑，还得利多一点，皆大欢喜。

所以，对于融资而言，股权问题的本质其实是公司的"稳定性风险"和"合规性风险"。如果你的公司在股权层面也存在这样的潜在问题，在彻底解决之前很可能会融不到资。

财务造假

上市公司财务造假的新闻你应该听过不少，远有乐视网、辉山乳业、獐子岛，近有瑞幸咖啡。

你知道，上市公司公布财务报表是为了向股东、投资者或潜在投资者，以及社会公众展示其经营状况，任何导致其报表不能公允地反映其经营状况的行为都属于造假。从动机上来说，上市公司主要是出于"避免退市或被特殊处理（列入 ST 股）""进行盈余管理使股价增长""达到与投资人签订的业绩指标或对赌协议"这三大目的而进行财务造假。

那么，创业公司也会财务造假吗？答案是：会。

有的创业者为了更好地去融资，可能会用粉饰过的财务报表去吸引投资人。如果投资机构的财务人员或者委托的第三方会计师事务所在尽调和审计的过程中没能发现端倪，那投资人就可能会被误导，做出错误的投资决策。

财务造假的手法可以归为四大类，如图 2-1 所示。

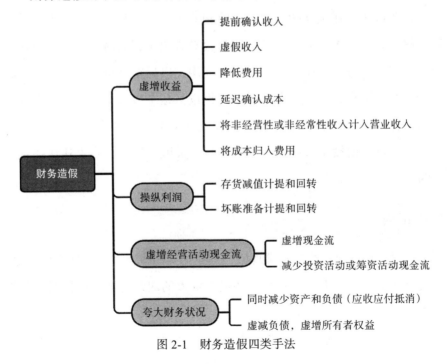

图 2-1　财务造假四类手法

除此之外，创业公司为了逃税，降低经营成本以留存更多的资金，也有可能选择财务造假。逃税的通行做法就是做两套账，外账对外公开，正规地开票纳税，通常会表现得利润率很低，甚至亏损，从而达到少交税或不交税的目的；内账则记录不开票收入，收款以现金居多，也可能直接打到个人账户。

这种现象在"To C"业务的创业公司更多，因为大多数消费者都不会要求开具发票，而"To B"业务的客户以正规企业为主，大部分销售行为都要开具发票，内账也就无从建起。

有意思的是，我还见过一家公司只向投资人公开尚未盈利的新业务板块的财务状况，却把原来不怎么增长但稳定的海外收入通过"收现金不开票"和"转移到独立公司"的手段隐瞒起来，其目的是转移利润，不分配给外部投资人股东。

财务造假存在很高的合规性风险和商誉风险，只要尽调或审计的深度足够、广度到位，通常财务造假都会被查出来，到时候不只会面临处罚，公司的商誉和创始人的信用也会崩塌，以后在一级市场上去融资将寸步难行。毕竟，即使放眼全国，风投也只是个很小的圈子，投资人之间的消息（尤其是负面的消息）传递速度丝毫不亚于娱乐圈的八卦新闻。

要知道，创投圈可以接受投资项目的失败，但不会容忍违法违规的行为。

诉讼纠纷

公司存在诉讼纠纷是正常现象，诉讼的类型也是多种多样难以穷尽。在股权融资这件事上，比较容易吓退投资人的纠纷有知识产权纠纷和债务纠纷。

知识产权纠纷通常发生在科技型公司之间，比如持续了将近6年之久的"苹果三星专利案""苹果与高通之间关于5G无线芯片专利的纠纷"以及"华为起诉美国第一大通信运营商威瑞森侵犯专利案"。

技术是科技型创业公司的长期核心竞争力，公司一般都会进行专利申请，用"公开"换"保护"，获得一定时限内的"垄断性"竞争力。而有些配方类或者加工工艺类的核心技术为了严格保密，公司可能不会申请专利，而是通过封闭生产、分割代工等手段进行保护。

我见过一个案例，创始人是一家公司的前合伙人兼首席技术官，离开之后另外创办了自己的公司，然后把前一家公司已经申请专利的技术直接复制到自己的产品上，引起不少投资人的兴趣，但后来却因为专利侵权被前一家公司告上法庭，败诉后就从此与融资绝缘，再也无投资人问津。

至于债务纠纷，简单说就是公司欠了钱但还不起，债权人向法院提起诉讼引起的纠纷。举个例子。不少创业公司都拿过银行快捷便利的短期授信资金，用债权融资的方式解决企业营运资金短缺的问题。但是，公司的经营不可能一直顺风顺水，因为各种原因导致亏损最终还不上贷款的时候，就可能会面临债务诉讼的风险。有些被朋友或客户介绍过来找我的创业公司就是因为债务到期，希望通过股权融资来缓解资金问题。

不过，投资人出于规避风险的考虑，一般不会碰存在债务纠纷的公司。即使你认为现在只是暂时遇到资金周转问题，公司未来的发展潜力还很大，也难以避免陷入"说服成本高，融资成功率低"的困境。

有资金周转问题就一定融不到资吗？

这倒不一定，世事无绝对。比如刘强东先生找张磊先生融资的时候，资金链已经差不多要断裂了。结果呢？前者希望融7500万美元，后者要投3亿美元，否则免谈。于是，就有了今天淘宝、京东、拼多多三足鼎立的局面，京东成为唯一拥有自建货运物流和供应链仓储体系的电商平台。

不管是知识产权纠纷还是债务纠纷，又或者是其他类型的法律诉讼，只要是有可能影响公司正常经营和持续发展的，都会成为投资人眼中的"风险点"。只有排除掉这些风险，或者这些风险能够被有效管控，你才有可能融到资。

然而，残酷的事实是大部分投资人都会选择放弃这样"有瑕疵"的项目，毕竟要融资的创业公司那么多，再去寻找一个"底子更干净"的也浪费不了多少时间精力，而且更容易上会通过，付出的"总成本"更低。对于大多数是"打工人"的投资人来说，投出项目完成KPI，最重要。

分享一个我亲身经历的投资案例，2018年我投过一个科技项目，当时创始人就与上一家自己创办的公司（旧公司）的股东之间存在好几起法律纠纷，包括股东诉创始人出资纠纷案、旧公司诉股东借款合同纠纷案、旧公司诉股东职务侵占案、旧公司诉股东破坏生产经营罪刑事案件、股东申请旧公司强制清算案等。如果你是那位创始人，相信也会头大。最后，我们经过深入尽调，并且聘请券商和律师事务所等第三方机构进行详细评估，找到确切可行的解决方案，排除掉新公司的"经营风险"和"上市障碍风险"后，才决定投资。

缺乏增长

一位很有情怀的音乐文创项目创始人跟我说他的项目坚持了3年多，终于通过"培训班为主、商业演出为辅"的变现方式做到接近盈亏平衡了，现在想要去融资，多请一些培训老师和演出人员，做大公司的规模，实现盈利。

我很敬佩他的坚持，创业公司能活过3年实在太不容易了。可是，敬佩归敬佩，这个项目我没有接，因为它缺乏增长，帮它融到资的难度太大了。

这个项目所处的细分赛道是爵士音乐，在国内相对其他音乐流派而言是相当小众的一个市场，目标客户群体（爵士音乐爱好者和演出从业者）基数小且非常分散，这就意味着线下培训会受到地域、场地、师资等因素的影响，转为线上培训则会影响教学质量，报班人数很难有大突破。另外，对于爱好者来说"兴趣"是主要驱动力，但并非刚需；而对于从业者来说，就业出路的狭窄则会容易把他"劝退"。单是这两个方面的限制已经决定这个项目的培训业务很难做大，零散随机的商演业务就更不用说了。

从风险投资的角度出发，创业者需要明白投资人既然愿意承担与"创业失败"概率相同的"投资失败"的高风险，那必须要有高收益作为回报才能取得平衡。

来看个案例。2022年4月，完美日记母公司逸仙电商收到纽交所的退市警告，因为它的股价已经连续30个交易日低于1美元，如果未来6个月之内股价还没有恢复到1美元以上，就将会被纽交所启动停牌和退市程序。

完美日记作为国货美妆龙头品牌，成立于2017年3月，借着"新消费"和"国货崛起"的风口，通过"大牌平替"的产品定位和极致的"重营销"打法实现了爆发式增长，在短短4年半的时间内就成功在纽交所挂牌上市，成为国内首个登陆美股市场的美妆集团。上市首个交易日，逸仙电商的股价在盘中一度暴涨接近100%，收盘时涨幅依然保持在75%，市值突破122亿美元。可是，在股价涨到25美元的最高点之后，却开始一路下跌到50多美分，市值蒸发95%以上。

为什么资本市场对逸仙电商不买账了呢？

因为它不增长了。

逸仙电商2019年的营收增速曾经达到恐怖的377%，而在2021年只有11%，可是2019年到2021年的营销费用投入并没有减少，占营收的比重分别达到41%、65%、68%。也就是说，"大牌平替"的产品定位没变，"重营销"的打法依旧，营收却开始摸到"天花板"了。

逸仙电商的高营销并没有带来持续高增长的原因，有相当一部分与它的"大牌平替+重营销"的商业模式有关。"大牌平替"策略定位于大众化妆品市场，这个市场在2016～2020年的销售额年复合增长率（CAGR）只有5.8%，而同期高端化妆品市场的年复合增长率却达到了25.7%。也就是说，逸仙电商在"国货崛起"的背景下用"大牌平替"策略从大众化妆品市场切入，实现了爆发式增长，却在近两年"消费升级"的趋势下反被自己的品牌定位锁在了一个低增长的市场中，再加上"不提价利润就不高，一提价就打破品牌定位"的死循环，以及越来越重的营销成本，就导致了增长乏力、盈利遥遥无期的局面。

当然，我不是要通过这个案例告诉你逸仙电商不行了。相反，它在新冠肺炎疫情期间通过收购科兰黎（Galénic）、伊芙兰（EVELOM）和达尔肤（DR.WU）三大品牌，切入高端美妆和功效护肤市场，使得2022年第一季度护肤业务同比增长68.4%，开始了在第二增长曲线上面的发力。我想告诉你的是，如果像逸仙电商之前那样缺乏增长的话，后果就是投资者不看好公司的发展前景，用"脚"来投票，不投资甚至撤出投资，然后公司股价暴跌，面临退市风险。

二级市场尚且如此，更何况是风险更大、要求收益更高的一级市场的风险投资？所以，如果你公司的业绩没有显著或可预见的高增长，仅仅只是缓慢增长甚至仅能维持盈亏平衡，那将很难说服投资人承受高风险去投资你。

第12讲　生存发展：活着，才有希望

创业最重要的一件事情是什么？找准定位？做好产品？建立强大的

销售？跑通商业模式？

都不是。创业最重要的，是活下去。

一位企业老板跟我说，他的公司开了快十年，现在正进行转型，但账上已经没钱了，裁员之后还要靠银行授信来维持工资发放，急需融一笔钱来渡过难关，推动转型。这是"融资新手"对股权融资的认知误区，以为可以靠融一笔钱救活公司，却不知这在投资逻辑层面很难成立，在操作执行层面更是困难重重。

那怎么办？

从企业经营的角度，我跟你分享一下刘润老师的观点：现金是公司的血液，一旦流干了，公司就死了。要救命就得先止血，用"慢付快收"的心法，用延期应付账款、酌量削减支出、降价快速出货、折现未来利润、折价应收过桥、变卖固定资产等办法，增加正向现金流，让公司活下去。

从股权融资的角度，我跟你分享一下我的观点，如下。

不要执着于知名机构

假设你的公司已经在行业内小有名气，这一轮融资你更希望拿到知名机构的投资，好匹配"明星项目"的段位，也能为公司带来更好的"背书效应"，于是婉拒了好几家非一线机构递来的橄榄枝。

坚持了几个月，正在跟某头部投资机构艰难地谈着条款的时候，你突然收到竞争对手产品大卖的消息。你大吃一惊，赶紧去了解情况。原来，竞争对手接受了那几家被你婉拒的非一线机构的投资，早早开始了渠道铺设和营销投入，比你抢先一步占领了用户心智，还借着市场反馈迅速把产品迭代了两次，现在市占率已经比你高出不少。紧接着，不知道从哪里又传来你正在谈的这家头部投资机构正在接触竞争对手的风声，谈的好像是下一轮融资的事情。

如果这样的事发生在你身上，不知道你会不会吐血三升，反正我是会的。

你要始终记住一点，股权融资是用来加速的，其他的一切好处都是附带的效果，不是根本目的（除非你不缺钱，融资的目标是其他资源）。

当你需要资金用于加速发展的时候，不要执着于知名机构。因为，客户只会看你的产品行不行，不会看你的股东牛不牛。

如果资金不存在很大的属性差异，投资条件没有苛刻到完全不可以接受，那就不要纠结，谁先投就要谁的钱，毕竟市场不会等你，竞争对手更不会等你。

不要寄望投资机构给你客户

很多创业者跟我提融资需求的时候，都说希望投资机构能够带来客户资源。我十分理解那种想把公司做大的迫切心情，但也对那种想不劳而获的懒惰感到无奈。有这种想法的创业者，要么不了解商业，要么不了解资本，或者两者都不了解。

从商业的角度来看，除非是战略投资机构能够控制的市场资源，否则在商言商，客户根本不会买机构的账，你的产品要是不符合要求，客户没有任何理由不去选择更好的产品。

从资本的角度来看，投资你是因为投资人看好你有能力把公司做大，而不是他要亲自下场帮你开拓市场。大机构的专职投后管理也许会帮你对接一下中低端人脉，合伙人级别投资人可能会给你导入一些高端人脉，但是，最后要搞定客户或者合作伙伴，还得靠你自己。这也是为什么我在第4讲里面说"这不是机构有没有资源的问题，而是创始人接不接得住的问题"的原因。

在我看来，寄望于投资机构带来客户的创业者，还是个宝宝。

怎么说？

把饭菜做好，端到了面前，还要喂到嘴里才会吃，不是宝宝是什么？

创业不是过家家，不要做宝宝，更不要做巨婴。

一切合法的钱都可以拿

钱有属性之分，也有是否合法之分。

以"有限公司"形式进行一级市场股权投资的机构，可以在"国家企业信用信息公示系统"中查询到相关信息。

以私募基金形式进行一级市场股权投资的机构，可以在"中国证券投资基金业协会"官网的"私募基金管理人分类查询公示"和"基金从业人员资格注册信息"查询到相关信息。

找个人投资者融资，也要注意查明资金来源，看是不是合法。

如果融来的钱不合法，相当于给你的公司埋了颗地雷。

如果钱是合法的，那就放心大胆地拿吧。

没拿到钱不要停止见投资人

你见过投资机构签了协议但最后不给钱的情况吗？

这种情况不多，但也偶有发生。

你是不是在想："怎么可以这样？投资机构也不讲信用吗？"其实，这不是讲不讲信用的问题，而是代价有多大的问题。

在二级市场买一家公司的股票用交易软件只需要几秒钟，在一级市场投资一家公司则需要花几个月甚至更长的时间。投资机构从接触项目开始到打款之前，一直在做一件事情：识别风险。

信息维度广、尽调程度深、时间跨度长、不可控因素多，你和投资人都不可能知道会在什么时候、什么地方发生什么变数。也许就在最后一刻，投委们认为之前推断的投资逻辑不成立，或者投资人从某些渠道得到一些负面信息，又或者钱要拿去投另外一个项目，任何一种情况都可能导致投资决策的彻底改变。

花了这么多精力和时间，协议也签了，不投岂不是违约？岂不是白干？

对于投资机构来说，宁愿违约，宁愿白干，也不能投。防范风险，及时止损，才是王道。何况，白干也只是这一个项目，对全年的项目来说，不会"老白干"。

所以，一天没拿到钱，一天都不要停止见投资人。

第 3 章　顶层设计

楼可以盖多高，看地基打多深

第 13 讲　分配原则：股权怎样分才不会引发争执

在广东高校科技成果转化中心的技术经理人培训营里，一位学员告诉我，他和团队成立了一家新公司，在另一家公司提供的启动资金的支持下，终于完成了产品研发，准备启动首轮融资，用来推进量产和销售计划。

我先恭喜了这位学员，研发出来的产品很棒，有希望得到不错的市场成绩。

然后，我又无情地打击了他，股权结构真的很糟糕，提供启动资金的公司作为法人股东，占股 51%。这样的股权结构对于一家籍籍无名、没有重量级人物参与，控股股东也没有深厚资源的初创公司来说，很难得到机构的投资。

即使要投资，投资人也是直接投那家拥有相对控制权但尚未上市的公司，没道理去投它下面的一家控股子公司。

通过阅读第 11 讲你已经知道，如果股权分配不合理，将会带来"稳定性风险"，影响融资。下面我就跟你说说，股权要怎样分团队才不会吵架。

四种角色

一家创业公司的股东，一般可以分为四种角色。

创始人：创始人作为创业项目的发起者，掌握业务所需要的核心资源和能力，掌控未来发展方向，是公司的核心灵魂人物，理应是大股东和实际控制人。

所以，创始人的股权诉求是控制权。

合伙人：创业是一件充满挑战的事情，单打独斗难度太大，创始人需要分出一部分股权，吸引共同进退的合伙人，在技术产品、生产采购、市场营销、财务管理等各个方面，跟小伙伴们一起输出各自的专业能力和特长，才能披荆斩棘，向着目标一路前行。

所以，合伙人的股权诉求是管理权。

核心员工：当公司逐渐做出了成绩，人也越来越多，这个时候就会有一些能力很强的员工脱颖而出，在关键岗位上独当一面，成为保障业务顺畅开展的核心，有资格获得公司的股权激励，从打工人变成股东，更好地为与切身利益相关的公司出工出力。

所以，核心员工的股权诉求是分红权。

投资人：投资人看好你的团队和公司的未来，愿意出钱投资，用一定的估值溢价，换取公司的股权，然后在过程中监督公司经营、管控投资风险，等股权增值后，退出获利。

所以，投资人的股权诉求是监督权和优先权。

创始人、合伙人、核心员工，都是全职投入到公司，用"人力资本"

输出价值；投资人在股东会和董事会层面参与公司经营管理，不拿工资，也不全职，用"财务资本"输出价值。

这四种角色，既是公司的价值贡献输出者，也是风险承担者。

控制权集中

公司设立之初，为了保障控制权的集中，利于内部稳定和快速决策，创始人的股权比例一般不宜低于50%。

如果还有联合创始人呢？

你可以参考这种做法：先划出一定的比例，作为"联合创始人股"，然后根据人数进行分配。

比如，一个创始人加两个联合创始人，从100%的股权里面拿出15%，作为大家的"联合创始人股"，约定8%作为创始人独占股权，7%作为联合创始人独占股权，那么创始人一个人拿走8%，两个联合创始人平分7%，每人拿走3.5%。然后，剩下的85%再按其他考量要素做分配。

不管用什么方法进行分配，创始人的最终股权比例不宜低于50%，保证控制权的集中。

同时，第二大股东，持股比例最好不要低于10%。

为什么？

因为第二大股东如果连10%的股权都没有，一来他可能会因为"激励"不够而处处"留力"；二来投资人会认为你找了个很弱的合伙人，又或者是你没有能力找到好的合伙人。

责权利对等

我见过很多奇葩的股权分配方式，有按出钱多少分的、按年龄大小分的、按地位高低分的，甚至是平分的。"林子大了，什么鸟都有"这句话，在这里也适用。

开公司是一件严肃且严谨的事情，股权分配作为起点，一定要做到责权利对等，才能不留后患。

什么是责权利？

责权利就是"责任、权力、利益"的合称。

责，是指岗位职务上应该承担的责任和义务。权，是指职责范围内可以支配的资源和权力。利，是指承担职责压力和风险所应得的利益。

你要什么权，拿什么利，就要担什么责。

比如，是不是最早参与发起的，真金白银地投入了多少钱，有没有全职在公司工作，在公司里任什么职务，为哪个业务负责，这个业务是不是关键环节，能不能胜任职责要求等。

当你和小伙伴们拟定了类似上面列举的分配标准和细项之后，就可以按照重要程度，分别给每一项赋予权重比例。

所以，你最好根据公司的商业模式，去设计"考量要素"和"权重比例"，列出一张适合你们的"股权分配权重表"。

还是不知道怎么做？

去看下一讲我给出的参考表吧。

预留期权池

当公司越做越大，既要引入新的合伙人，又要给核心员工股权激励时，股权应该从谁那里分出来？

如果从现有股东那里分出来，相当于做减法，会让人感觉非常不舒服，甚至会影响团队稳定。

那怎么办呢？

你可以在公司设立之初就预留一部分股权，作为日后用来吸引新合伙人和激励核心员工的期权池。

应该预留多少呢？

硅谷的惯例做法是 10% ～ 20%。

期权池越大，对员工和投资人越具吸引力（只要不影响控制权），所以你需要在合适的时候进行适当的调整，防止随着融资的增多期权池的股权比例被过多稀释。

如果一开始没有做预留，又不能从现有股东那里做减法怎么办？

可以设立"员工持股平台"，按照一定的估值进行增资，同比例稀释所有股东的股权，用"增资"代替"减股"。

按照惯例做法，提前预留的期权池或者后设的员工持股平台，一般会通过"有限合伙企业"的形式，把投票权放在创始人的名下，保证控制权集中。

第 14 讲　权重设计：没有最好，只有最合适

上一讲我给你介绍了股权分配的原则。不过，几个合伙人凑在一起，按照控制权集中、责权利对等、预留期权池的原则，讨论一番，就能公平合理地分好股权了吗？

小强说："我是发起人，按照控制权集中的原则，要拿 70% 的股权。"老王说："我是联合创始人，全职加入，而且有很多年的行业经验，要拿 25% 的股权。"小李说："我也是联合创始人，而且有很多客户资源，可以把产品卖出去，要拿 20% 的股权。"

这样加起来就 115% 了，怎么办？

老王说："那就从小强那里减去 15% 吧，剩下 55% 也很多了。"小强说："不行，还是从老王和小李那里各减去 7.5% 吧，第二大股东超过 10% 就可以了。"小李说："不管你们怎么分，反正我的比例不能低于

20%，不然就不干。"

三个小伙伴经过"热烈"的讨论，然后，就没有"然后"了。

这样的画面是不是似曾相识？大概你在涉及利益分配的事情上也经历过类似的情况。不过，股权分配和利益分配不一样，它们有着本质的区别。

股权分配的本质

多数的利益分配，是蛋糕已经有了，或者蛋糕马上要出炉了，参与分配的人在既有或将有的利益面前，相互竞争，最后能分多少要看谁的话语权更大、"拳头"更硬。

利益分配的本质是零和博弈，你多一点我就少一点。

股权分配则不同。一群小伙伴一起创业，本着美好的愿景和远大的目标，期望通过自己的能力和努力，做出成绩，取得丰硕成果。这个时候分配创业公司的股权，讨论的不只是未来的利益怎样分配，还有当下的职责和权力如何分割。

所以，股权分配的本质是对"未来的利益、职责、权力"的"事先约定"，它的目标是要"达成共识"。也就是说，要基于现在每个人的关键资源和能力，以及未来预估会做出的价值贡献，找到一致认同的平衡点，以后不得反悔。

股权分配权重参考表

要对一件事情达成共识，并且在未来很长的一段时间里一直遵守，那一开始就需要运用合情合理的"科学方法"，代替你一言我一语的"立场冲突"，量化所有考量要素，用精准的数据让所有人都心服口服。

怎样量化呢？

你可以参考表3-1。

表 3-1　股权分配权重参考表

考量要素	权重	股东 A	股东 B	股东 C
创始人独占股	0.5	0.5	—	—
联合创始人独占股	0.2	—	0.2	—
全职与否	1	1	1	1
承担什么职责	0.5～1	1	0.8	0.7
能力高低（经验多少）	0.5～3	3	2	1
投入什么关键资源	0.2～3	3	0.5	—
踏出第一步的贡献	0.1～0.5	0.5	0.1	—
⋮				
合计		9	4.6	2.7
股权分配比例（%）		55.22	28.22	16.56

创始人独占股和联合创始人独占股在上一讲介绍过，如果你已经忘了，可以翻回去复习一下。

其他考量要素的考量重点虽然各有不同，但都是围绕"怎样把事情做成"这个中心思想来展开。

全职与否：创业需要投入大量的时间和精力，不确定性极高，要承担巨大的风险，因此全职必须与兼职进行区分。

承担什么职责：成员在公司的组织架构中承担什么样的职责，掌握多大的权力。比如首席执行官（CEO）为整个公司负责，理应比负责技术的首席技术官（CTO）或者负责市场的首席营销官（CMO）要多分一些。

能力高低（经验多少）：个人在未来可能会对公司的发展做出多大的贡献。这些贡献现在还没有实现，那就按照当下的情况评估，用期权来做一个"逐步成熟"的限制吧，做到就兑现，做不到就不兑现。

投入什么关键资源：这是指个人所拥有的关键资源在公司的商业模式中起到多大的关键性作用。比如"发明专利"之于科技项目、"产品和模式"之于互联网项目、"供应链、渠道和营销资源"之于消费项目等。

踏出第一步的贡献：谁将会在"从 0 到 0.5"的过程中起到关键作用，让公司起步，然后再从 0.5 走到 1，再走到 100。比如把产品研发出来，把量化生产的工艺改良完成，把渠道体系搭建好，等等。

上面列举的考量要素和权重是用来供你参考的，不要"生搬硬套"。每个创业项目的情况都不一样，你最好根据自己公司的实际情况进行增删修改，设计出一套科学合理的分配方法，用量化的数据，让所有人达成共识。

特别注意事项

看到这里，你的思路应该比较清晰了。不过，还有五种其他情况，我要提醒你特别注意。

第一，有的小伙伴前期只能兼职，要等公司发展得稳定了，才愿意全职加入，应该给多少股权？

创业不全职，跟做生意不赚钱一样，都是对投资人"耍流氓"。

换位思考，如果你有 1000 万元，会把钱投给一个还在公司里打工的陌生人，并且相信他一定可以兼顾着把另一家什么都还没有的公司做起来吗？

你绝对不会。1000 万元的投资，再感性的人，都会变得无比理性。

为什么很多高校老师研发了技术成果，创办了公司之后，却融不到资？

因为对他们来说，主业是老师，创业是副业，成了是惊喜，不成没影响，风险都转移到投资人身上了。

你不敢全力以赴（all in）的话，投资人又如何敢投你？怎么相信你稳操胜券的信心和破釜沉舟的勇气？

所以，如果有小伙伴只能兼职，不愿意和你一起承担那些不确定性的高风险，那就先用工资代替股权吧，或者只给一点点象征性的股权，什么时候全职加入了，再坐下来谈要多少股权。

第二，有的小伙伴只想出钱不想干活，应该给多少股权？

只想出钱不想干活，这种做法不是一起创业，不是一起同甘共苦、共同进退，而是投资。

既然是投资，那就按照风险投资的做法来吧。

比如，评估一下这个创业团队，在这个赛道上，带着这样的资源和能力，未来有多大希望能够把公司做起来。然后把股权按照一定的估值进行溢价，虽然项目刚起步，但估值也可以达到2000万元，他出200万元，那就占10%的股权，公司设立之后以增资的方式投200万元进来，成为公司的"投资人"股东。

第三，找到一个有资源的合伙人，但是能力一般，应该给多少股权？

这要看所谓的"资源"是什么。

提供办公场地？认识一些客户？能拉来投资？我公司的FA业务，就是帮助创业公司融资的，拉到投资后你会给我股权吗？

你不会。

所谓"资源"，能起多大作用是不确定的，即使有用，能用多少次呢？

只有资源却不能持续输出价值的，不是合格的合伙人。

那怎么办？这些资源也是需要的。

我的建议是，对于资源，没钱就先借，有钱可以买，把资源变成债务，变成采购的服务，但别用股权去换。

第四，思路和想法是合伙人提供的，他要多分点股权，该不该给？

这个问题就像是在问，画饼能充饥吗？

画饼不能充饥，那想法也就不能换作股权。想法，是未被验证的创意，在真正实现之前，一文不值。

把想法落地，变成产品或者服务，然后卖出去，才应该算股权。

第五，合伙人干了一阵子就离职，拿着股权坐享其成怎么办？

我经常说，不要考验人性，包括你自己的。所以，创业合伙前，先谈好怎样散伙。

在合伙协议里，给股权加个"紧箍圈"，约定分期成熟的时长和比例，以及离职以后按照什么样的价格回购股权。

体面分手，还是朋友。

什么？你不在乎做不做朋友，只想知道合伙机制应该怎么设计？

好吧，下一讲告诉你。

第15讲　合伙机制：合伙前先说散伙，是对所有人负责

小强和老王是多年的朋友，合伙创业开公司，在马上要获得第二轮融资的时候，因为闹矛盾，导致投资机构投不进去，融资失败。

啊？还可以投不进去？

是的，在小强和老王的合伙协议里面，有一条约定："必须经过创始团队所有人的同意，才能增加新的股东。"

到底是谁不同意？回购他的股份，把他踢出团队可以吗？

理论上是可以的，不过他们的合伙协议里面，还有一条约定："离职方所持股权的回购价格由双方友好协商确定。"遗憾的是，这个协商过程并不友好，价格没谈拢，僵持在那里，融资也就无法进行。

就这样，小强和老王对公司未来的美好憧憬，在矛盾和冲突面前变得满目疮痍。

合伙机制的本质

创业是一场长期战争，每个阶段、每个环节都犹如一次局部战役，

你和"战友"们每天都要为了赢下这些战役,赢得整场战争,进行一次次的战斗。

在这个漫长的过程里,你们可能因为战略方向的选择不同,或者战役布局的观点不同,又或者战术执行的习惯不同,产生分歧。甚至,还会因为利益和私心,产生矛盾。

如果能够充分沟通,相互理解,达成共识,消除分歧和矛盾,大家依然可以继续拧成一股绳,火力全开地去打好每一场仗。

如果沟通不顺畅,互不相让,甚至发生剧烈冲突,这个时候你们就需要有合伙协议的事先约定,来作为处理纠纷的依据。所以,合伙协议中承载的合伙机制,它的本质是管理预期,目的是约束人性。

下面,我为你拆解一下对创业团队来说十分重要的合伙协议。

合伙协议的主要内容

关于公司:确定公司的名称、地址、注册资本、经营范围和期限等方面的基本信息。

股权的分配与预留:确定公司设立时股权结构的安排、投票权和分红权的具体约定、对预留的股权如何处理、完成备案登记的方式等。

股权的权利限制:确定股权的成熟安排、成熟期内如果发生回购事件如何处理、转让有哪些限制、配偶股权怎样限制、继承权股权如何安排等。

股权的回购:约定因发生过错导致的回购、因终止劳动或服务关系导致的回购如何处理。

竞业禁止和保密:约定竞业禁止的形式和期限、保密的内容范围和豁免条件等。

承诺和保证:所有合伙人在法律地位和能力、资金来源等方面做出承诺和保证。

其他：在条款的修订、可分割性、优先效力、违约责任、通知形式等方面进行明确。

特别注意事项

合伙协议之所以重要，是因为它在公司治理层面的法律效力，排在第三位。在不违背公司法和公司章程的情况下，只要合伙协议里面有约定的事情，都要遵照执行。

如果说公司法是所有公司的法律法规，公司章程是单个公司的治理制度，那合伙协议就是创业团队内部的纠错机制。这个纠错机制可以在团队内部发生矛盾时，把冲突扼杀在摇篮里，不给它丝毫萌芽的机会，稳定公司。

在总结了我所见过的全部"死亡"案例后，我有必要提醒你几个需要特别注意的重要事项。

第一，合伙人的选择是最重要的"落子"第一步。

认识时间长不等于信任牢固，一起创业需要价值观、人品秉性、性格习惯、职业素养、能力天赋、韧性效率等多方面的匹配，平时一起吃喝玩乐很开心的伙伴不代表适合做合伙人。

要记住，你不是在找最亲近的合伙人，而是在找最合适的合伙人。而合不合适，要试过才知道。

怎么试呢？

让股权分期成熟，留出足够的观察时间和试错空间。

第二，不要考验人性。

除了遵从股权分配原则之外，还要考虑人心变化。公司刚起步时股权不值钱，没有实质可见的利益冲突，大家相安无事，但是当公司越来越好时，万一人性自私的一面被唤醒，人心散了，队伍也就不好带了。

所以，不要考验人性，包括你自己的。

另外，我建议你提前准备好处理预案，对利益做出调整和平衡，及时把人心拉回来，把队伍拉回来。

第三，一致行动协议要有，但不能滥用。

一般来说，签订合伙协议的时候，也会同时签订一致行动协议，指定创始人在股东会和董事会的重大决策事项上，作为团队共同意志的唯一输出，以此巩固团队的共同控制地位。

当团队内部意见没办法达成统一的时候，让创始人做最终决策，是为了实现高效的中央决策，而不是为了独裁，"一言堂"的治理模式只适合建立在领导者超级强大的智慧和魄力之上。

第四，约定事项的处理办法越具体细致越好。

还记得这一讲开头的小强和老王的故事吗？

类似"协商处理解决"的处理办法，存在巨大的争议空间，容易导致最后无法执行，会给公司的日常经营和长久发展留下巨大障碍。

所以，要对约定事项的处理办法做出详细具体且无争议的描述。

比如发生什么情况会触发股权的回购，谁来回购，谁被回购，回购多少，多久完成回购，回购的价格怎样计算，违约怎么处理，在哪里进行仲裁等，这些约定事项要保证没有任何歧义并且可以落地执行。

第五，做好核心关键资源的保护。

合伙人之间产生矛盾，"另起炉灶"变成竞争对手的事情时有发生，要最大程度避免这样的"狗血"剧情，除了竞业禁止外，你还需要做好核心关键资源的保护。

哪些是核心关键资源？

那些只要掌握了就可以轻易复制出一家同样的公司的资源，就是核心关键资源。比如研发成果、关键生产工艺、材料的配方、供货来源、市场渠道、客户资源等。

怎样保护呢？

内部通过专利申请、工序或流程分割、独家掌控，外部通过协议约定、利益绑定、客户决策人信息保密等方式保护核心关键资源，把接触诱惑的机会，尽量减少。

第4章　核心团队

人，是最关键的因素

第16讲　创始人：投资人喜欢什么样的创始人

前面老是说投资即投人，为什么投资人这么看重创始人这个人本身？

要知道，经营一家公司所做的任何事情都由人来完成，而一家创业公司在早期可以被替代的角色有很多，比如股东、董事、高管、骨干员工、普通员工等，但有一个角色无法被取代，就是创始人。

同一家公司，由小强来做还是老王来做，结果可能天差地别。相同的赛道，一样的市场，差不多的盈利模式，投资人该选谁？

我带你先看看梅花天使创投的创始合伙人吴世春先生是怎么选的。

吴先生认为：新经济的核心是人，是优秀的企业家。一个企业只能在企业家的思维空间里成长，团队的天花板是创始人学习、认知的能力。所有的东西都是可以被计算的，比如说商业模式、经济模型、用户数据，唯一不可以计算的是创始人的成长潜力。投一个企业，主要是投团队，主要是投人。一个企业的价值，90%在团队身上；一个团队的价值80%在创始人身上。优秀企业家具备四大特质：高认知水平、合作的格局、开放的心态、强大的内心。创业最终是创始人认知力和心力的角逐。

我曾说过创始人的重要性占整个团队一半以上，吴先生更重视，都占80%了。

你看完之后，有什么感想？是不是顿时觉得，创始人的底层能力和基本素质实在太重要了！但是，作为创始人怎样才可以给投资人留下"高认知水平、合作的格局、开放的心态、强大的内心"的印象呢？

下面我结合自己的实践经验，告诉你投资人在看团队的时候，经常用哪些标准来衡量。

教育背景

考察教育背景，本质是考察"智力水平"，看人够不够聪明，学习能力强不强，也就是吴世春先生说的"团队的天花板是创始人学习、认知的能力"。

学习能力是所有能力的基础，创业是一个不断成长的过程，你每天都会遇到各种各样不能假手于人的问题，解决这些问题需要不同的知识和能力，你没得选，只能学。

那么，投资人怎样才能知道你是个学习能力很强，并且能够自我驱动地去学习的人呢？

他不能，起码短时间内做不到。只能通过你的专业背景、学历水平、毕业的学校、发表的论文、获得的学术荣誉等，从侧面去判断你是不是一个"学霸"，能不能满足所处行业领域的基本要求。比如，在集成电路、人工智能、生命科学领域，投资人尤其看重学历背景，博士几乎成为创业者的"标配"。

工作履历

与考察教育背景类似，考察工作履历是从公司背景入手，借助其他组织对你的考验结果，从侧面判断你的专业能力。就像你在招人的时候，更愿意要华为出来的经理，而不是名不见经传的小公司出来的总监，两者道理是一样的。

来看几个案例。

"To C 业务"的品牌商案例：完美日记创始人黄锦峰先生，中山大学毕业后进入宝洁工作，然后前往哈佛深造，毕业后进入御泥坊任副总裁，随后创业，公司不到 5 年上市。

"平台业务"的电商案例：拼多多创始人黄峥先生，浙江大学毕业，美国威斯康星大学麦迪逊分校计算机硕士，随后加入谷歌，参与了谷歌中国办公室的创立，2007 年开始创业，2018 年其创立的拼多多上市。

"To B 业务"的 AI 芯片公司案例：寒武纪创始人陈天石先生，16 岁考入中国科学技术大学少年班，25 岁获博士学位，曾任中科院计算所研究员及博士生导师，2016 年创办寒武纪，2020 年寒武纪在科创板上市。

类似上面的成功案例，投资人看的、投的多了，标准自然也就慢慢变高了，是有点"幸存者偏差"的意思。

当然，不是说没有很好的教育背景或公司背景就没有机会，喜茶创始人聂云宸先生专科毕业，创办喜茶之前是开手机维修店的，现在的成就比绝大多数人都要高。

你要记住，创业路上什么都可以失去，唯独信心不可以。

行业经验

你也许会疑惑，公司背景和行业经验不是差不多吗，怎么单独拿出来说?

我做投资人之前也跟你有同样的疑惑,但经历的或成功或失败的项目多了之后,终于明白了其中的区别:公司背景,评判的是你的职业高度;行业经验,衡量的是你的权威深度。

举个例子。我看过一个项目,创始人以前在一家著名的跨国饮料品牌公司工作,从销售员一直做到了大区营销副总裁,他偶然间获得了一些资源后进入了服装行业开始创业,想凭借多年的市场经验,把握现在国潮品牌崛起的大好时机,创立一个属于自己的品牌。

在这个案例中,著名品牌公司的大区营销副总裁是公司背景,反映了创始人曾经的职业高度,而从销售员做到大区营销副总裁,说明了他在饮料行业已经积累了相当多的经验。

但是,服装和饮料两个行业有非常大的不同。比如,虽然就产品的消费属性而言,两者都需要投入设计与研发费用,不过服装很难做到重复消费,面对的是多变的市场需求,而饮料一旦受消费者欢迎,则不会再改配方,只需要继续生产和推广就可以。再者,相比饮料行业,服装行业的库存压力更大,销售渠道更少,替代风险更高。

这位创始人希望凭借多年在饮料行业的市场经验,从一个从未涉足的领域里闯出来,这对投资人而言,说服力显得不是那么足够。相反,如果他留在饮料行业创业,那他不只不会浪费宝贵的行业经验,积累下来的供应链和渠道资源还可以被利用起来,而当投资人面对这样一位行业资深权威时,自然也会更加信服。

追随者

一个团队的价值,80%在创始人身上。但是,这个"80%的价值"是需要在"团队协作"的基础上才会产生的化学效应。如果你创业只有自己一个人，本来跟竞争对手的"打群架"就会变成"围殴"，而你就是挨揍的那个。所以，投资人也会考察你的团队里还有些什么人。

有趣的是，大部分投资人最关注的点并不是你的队友有多厉害，尽管这一点也很重要。但他更关心的是，这么厉害的队友为什么要追随你。

看到这里，你是不是觉得我说的跟其他"导师"不太一样？

我跟你解释一下，投资人并不是看不起你的队友，而是相对80%来说，20%是用来"补全"的。队友厉害固然好，但投资人更看重这个人为什么要来，来了之后你怎样跟人家协作，愿意分多少利益出去等。

找到人，是你的责任。找到厉害的人，是你的魅力。找到厉害且愿意长期追随你的人，是你的格局。

执行力

临近下课放学的时候，或者临近下班的时候，你会不会觉得时间过得特别慢？我们每个人都希望等待的事物早点到来，期待的事情尽快实现，而你在融资的时候自然也会希望快点拿到钱。

好，投资人把钱给你了，然后呢？

轮到他希望你快点把公司做大了。这个时候，你能慢悠悠地做研发，铺渠道，做推广吗？

不能。投资人可能嘴里跟你说着"不要着急"，因为战略思考确实不能着急，得仔细想清楚。但是，他手上却会拿着皮鞭"抽"你，要你动作快点，因为如果缺乏超强的执行力，竞争对手不会等你，客户不会等你，"机会窗口"也不会等你。

有些技术，谁先把成本做得更低，谁就能抢占更多市场份额，掠夺别人的生存空间，挤压竞争对手，比如当年的液晶电视和等离子电视之争。

有些产品，谁先突破用户数量临界点，谁就能利用"网络效应"一家独大，比如微信。

有些行业，谁先抢到产能，谁就能独揽客户订单，销售增长一骑绝尘，比如疫情背景下的半导体芯片。

怎么把执行力展现给投资人看呢？

日本的大石哲之先生在他的书里写过一句话："凡事有交代，件件有着落，事事有回音。"

这本书叫《靠谱》。

第17讲 合伙人：你应该找什么样的"战友"

你需要一支什么样的团队？

先说什么是团队。这里的团队指的是你，和"跟你一起创办公司、拥有公司股权、和你一样有权在投资协议和股东协议上面签字"的合伙人们。一般来说，普通初创公司的核心团队人数不会太多，为2～5个人。

如果不普通呢？那人数可能会多一些，比如小米，8个人。

那么，要找什么样的人合伙呢？找个"凡事有交代，件件有着落，事事有回音"的靠谱伙伴吧。

关于什么样的伙伴才算靠谱，高瓴资本的张磊先生在《价值》一书中给出了4个维度的标准，我带你看一下。

选自驱型的人

自驱型的人与"自燃型"人才（稻盛和夫提出）相似，他善于寻找事物的本质，追求人生价值，不需要点火就可以自动燃烧，目标正确且专注，效率极高。

你大可以放心地把具有挑战性的工作交给自驱型的伙伴，因为他身上具有浓厚的主人翁意识，即使他对面临的问题不擅长或者没经验，也会不断挖掘自己的潜力，直到突破能力边界，完成任务。

比如，张磊先生的其中一位合伙人是老同学的妻子，她刚加入高瓴资本的时候对投资一无所知，但在十几年的时间里一次又一次地学习、突破、进化，把投资所涉及的每一个环节的工作都干了个遍，而且都非常出色地完成了。

在我个人的创业体会中，自驱型的合伙人是首选伙伴，他会让你感觉到，你不是一个人在战斗。

选时间敏感型的人

时间敏感型选手都是时间管理大师，他们有非常强的时间观念，懂得有限的时间最应该用在什么地方，可以轻松做到"要事第一"。他能够给精力赋予权重，时间分配精确到分钟，不仅不会浪费别人的时间，而且自身的效率也极高，这种品质能够决定一个人成长的高度。

你不妨回想一下，身边有没有办事拖拉疲沓、工作毫无规划，甚至连基本的轻重缓急都分不清楚的人？

对于投资这个行业，时间就是金钱，稍一懈怠放纵，机会转瞬即逝，所以张磊先生要找这样的合伙人。

对于创业这项挑战，时间就是生命，一步慢步步慢，一不小心就可能被竞争对手和市场远远抛在后面。

所以，你最好也找这样的合伙人。

选有同理心的人

这里的同理心指的不是同情心。有同理心的人，情商高，大局观念强,善于从全局考虑问题,而且会经常换位思考,从来不拘泥于成法、机械地完成任务。

对内,他善于站在管理者、工作对象或者合作伙伴的角度去思考事情,协作能力强。对外,他能够成为在公司与客户沟通的桥梁,甚至站在竞争对手的角度,去思考共赢的问题。

创业圈内著名的"翻译者"脱不花,就是这样的人。

你的团队里面有"脱不花"吗?

选终身学习的人

学习是反人性的,能够终身学习的人,极度强大。他拥有成长型思维,更加重视学习和挑战,把学习作为终身的乐趣和成就,而不是短暂的、功利性的收获。

一个优秀的企业,不会要求员工无所不知、无所不能,但可以要求其无所不学,迎难而上。终身学习能够无限放大一个人的潜能,这种求知欲,能够使人不满足于现状,长期走下去。

你在选这样的伙伴的同时,自己也要做一个终身学习的人。如果你有时间,我建议你去看一下《价值》这本书,相信会给你带来不小的收获。

以上就是张磊先生关于找什么样的合伙人的 4 个标准,主要是从个人特质方面出发进行筛选。而在团队成员之间的协作共事方面,我也为你提供几点补充建议。

找价值观相近的人

价值观是基于认知和理解所做出的判断与抉择,对动机有很强的导向作用,同时也会反映出一个人的需求状况。如果你跟合伙人的价值观不太相近，很容易会在宏观层面的战略性问题上产生分歧，在中观层面的战术性问题上引发争论，甚至在微观层面的操作性问题上发生冲突。

我离开自己的第一家创业公司，很大一部分原因就在于与创始人在公司发展理念的问题上意见相左，价值观不一致。

找相互信任的人

商业的本质是交易，交易的基础是信任。消费者或客户因为相信你，才会偏爱你，最后选择购买你的产品。你跟别人合伙创业的目标是共赢，而共赢的基础也是信任。

为什么投资人更喜欢由同乡、同学、同事组成的团队，因为这样的团队有天然的信任基础，信任成本低，背叛成本高，团队"稳定性风险"相对更低。

能找到那个可以把后背交给你的伙伴，是人生的一大幸事。当然，不是说有信任基础就万事大吉，你们还需要把人性用合伙协议约束起来，让所有人都在约定的规则和框架内共事。

我见过一些创业公司，公司业绩很长时间都没有明显的改善和进步，原因就是创始人对其他合伙人小心提防，把权力和利益抓在自己手里不放，很多精力白白浪费在内部的算计上，严重耽误了业务进度。

输给竞争对手不丢人，输给自己却很不值，内耗是创业公司最窝囊的"死法"。

找能力互补的人

你打过"王者荣耀"吗？这是一款 5V5 的即时对战游戏，两个团队从过百位英雄中选择角色，然后互相攻防，依次摧毁一塔、二塔、三塔，最后摧毁对方城堡，赢下这场比赛。

过百位英雄，这个团队要怎么配置才能赢呢？基本阵容一般是：战士、射手、法师、刺客、辅助。战士血量多，适合近战，在最前方顶住火力；射手射程远，适合远攻，在后方输出火力；法师法术伤害高，控场好手，物理破防，专克"肉盾"；刺客速度快，爆发伤害高，边缘游走一击毙命；辅助经济要求低，可以加血、控敌、承伤，增强队友的战斗续航能力。

打游戏尚且要求团队成员能力互补，更何况经营一家公司？所以，你需要为你的公司也配置一个专业能力互补的团队。要注意的是，不同行业的能力要求不一样，相同行业不同商业模式的能力要求也不一样。

比如，你的公司是一家硬件设备"研产销一体"的供应商，那就需要配备研发、生产、供应链、市场等方面的成员。又比如，你的公司是做互联网 App 产品的，那技术、产品、运营、渠道、商务成员的配置就是你需要考虑的。

越是关键的业务环节，越需要有深度绑定的伙伴，这样才能保证公司的正常运作，持续发力。

组高效决策的团队

梁宁老师在《增长思维 30 讲》里面提到，信息环境和决策模型是影响"做出决定"的两个关键因素。

作为创始人，你经常需要为公司的下一步动作进行决策，当信息充分、团队意见一致的时候，决策是高效的。

但是，当信息环境充满了噪声，甚至关键信息缺失、团队意见也不统一的时候，怎样做才能保持决策的高效呢？

你可以尝试"移动加权投票制"。

什么是加权投票制？

这是在联合国的一些专门机构（主要是经济、金融等领域）中，根据成员国"实力的大小、责任和贡献的多少以及利害关系的轻重"等因素来分配投票权的一种表决方法。不过，这种表决方法因为长时间把加成的权重固定在少数发达国家上，容易造成垄断。要把这种方法运用在公司决策上，你可以加上"移动"的方式，把加成的权重，根据决策议题的不同，"移动地"分配给团队里面在该议题领域最专业最权威的成员。

比如，技术问题给 CTO 的投票权增加一票，市场问题给 CMO 的投票权增加一票，让在这个领域里面更专业、掌握信息更多的成员的意见得到充分的尊重。然后，大家约定票数过半就可以通过决议。

万一遇到票数一半对一半的情况怎么办？可以给创始人或者 CEO 也增加一票，始终保持总票数为单数，避免两种意见势均力敌，延误战机。

第 5 章 融资准备

做好融资材料，让你事半功倍

第 18 讲 精准翻译：创业者语言系统与投资人语言系统

你有过满怀希望地把商业计划书发给投资人之后却没有得到任何回复的经历吗？又或者跟投资人交流的时候，他对你想要重点展示的东西不是太感兴趣，却在你意想不到的地方反复提问吗？

出现这样的情况，可能是因为你们在用两种不同的语言系统做沟通。

两种语言系统

创业者想说的和投资人想听的，很多时候都不在一个频道上，信息在传递的过程中因为彼此立场不同而产生理解"变形"。

来看个案例。某著名高校创新研究院的一个孵化项目，创始人（一位教授，博士生导师）带领的团队研发了一种智能化的柔性制造方法，利用大数据和人工智能算法，可以提高不干胶标签的生产效率。创始人的想法是，只要能将这个科技成果进行转化，就有信心把目标市场吃下一大半，到时候公司的盈利将会非常可观。

科技是第一生产力，创新是引领发展的第一动力，对于科技成果转化，我是非常支持的。但是，与创始人交流过项目情况后，我发现了三个问题。一是，产品面向的细分市场规模经过非常乐观的测算，是3亿元左右；二是，产品主要解决现有生产设备的效率问题，但实现方式不是在原设备的基础上做升级，而是整套替换；三是，产品的核心技术是人工智能算法，需要采用ODM（Original Design Manufacturer，原始设计制造商）模式去定制硬件设备作为配套。

按照我对很多"智能制造"赛道投资人的了解，这个项目他们大概连聊一下的兴趣都不会有，小部分愿意聊的，估计也只是为了"增广见闻"。

为什么？

先不说这个科技成果能不能最终实现产品化和产业化（国内的科技成果转化率比较低），也不说能不能吃下一大半的目标市场（团队成员都专长于技术研发，不具备产业落地和市场开拓能力），单就上面的三个问题，已经可以"劝退"投资人。

首先，是市场天花板问题。

3亿元左右的市场规模相对其他行业来说其实是很小的，也没有具备吸引力的增量空间，基本上很难支撑起一家上市公司。投资人如果投进去，几乎没希望通过二级市场上市，业绩体量难以支撑估值的增长，转让退出的难度也很大，最后唯一的办法就只剩下分红退出了。但是，依靠分红收回投资本金并且达到这个项目预期的投入资本分红率要花多少时间呢？投资人等得起吗？而且，有没有分红还是个问题呢。

其次，是市场开发问题。

在制造业中，替换生产设备是一件非常痛苦的事情，不单要付出高昂的资金成本，还要处理被替换下来的旧设备。一般来说，除非不更换设备就没有订单，否则只要一天不到接近设备寿命的折旧年限，厂家都不愿意去做这样的一件事情。

项目方的团队成员都是技术研发背景，在没有任何市场营销和销售能力、经验的情况下，他们将会面临很高的市场开发难度。即使现在有融资租赁可以降低企业的成本负担，但也需要付出很高的"教育成本"才能说服客户。

最后，是产品成本问题。

项目方的核心技术是以人工智能算法为核心的生产管理系统，这是为客户创造价值的"软件"部分。而配套的定制化硬件设备采用ODM模式，也就是说项目不拥有"硬件"部分的知识产权，这意味着面对上游设备供应商没有足够的议价能力，整体产品成本很难得到有效控制，必定会压缩利润空间，甚至影响产品销售。

在这个案例里面，创始人的焦点在于"科研成果（产品）的转化价值"，而投资人的焦点在于"创业项目（标的）的投资价值"，两者的想法完全不在一个频道上，看待商业问题的维度和角度也完全不一样。

现在你应该明白，融资的时候用投资人的思维去思考问题有多么重要。

上面案例的这种情况其实非常普遍，绝大部分创业者都不可能天生就具有投资思维，可以用投资的"语言系统"去跟投资人交流。所以，我们给客户做融资顾问的时候，几乎都需要把商业计划书重新进行梳理和调整，甚至大改，把关键的项目信息，比如核心团队、技术产品、行业市场、竞对分析、商业模式、财务状况等，用投资的逻辑描述出来。

这个过程，相当于把创业者的语言翻译成投资人的语言，让双方不只在信息层面可以沟通无碍，也能够在融资和投资这两件"结果相同"

的事情上面，把认知的错位变成共识。

那么，会有哪些认知错位呢？我给你列举几个。

雪中送炭与锦上添花

不少创业者在公司资金紧张的时候才想到要去融资，希望用融资得来的钱去缓解现金流压力。这种想当然地把投资人"天使化"的美好幻想，在我接触的项目中占了将近1/4。

风险投资是一件既理性又感性的事情，不过理性是对项目方（严谨的投资逻辑），感性是对投资人自己（自信的未来判断）。投资人愿意"雪中送炭"的前提是投了你之后投资人"有利可图"，至于友情帮忙，在残酷的风投圈是不存在的。毕竟，出资人怎么可能放心把钱交给热衷于"友情帮忙"的投资人，如果真有这样的投资人，也会因为募不到资而"灭绝"。

赛道多宽与赛道多长

一些创业公司在还没做大的时候，团队想的是这条赛道够不够宽，能不能容纳这么多竞争对手，他们能不能在这个市场上活下去。

那投资人呢？

在投资之前，他毫不关心你的公司能不能活下去，这家倒下自然会有另外一家起来。他在乎的是这条赛道够不够长，投资你之后，你可以做到多大，天花板在哪里，以后能不能上市，或者被大公司并购。

技术第一与团队协作

有些科学家或者技术出身的创始人做了一辈子的研发，认为只要掌握核心技术，技术足够领先，自然就可以战无不胜。好吧，技术有了，产品模型也有了，但是后面的"找人、找钱、找客户，找供应链、建产能、建渠道、做营销、管理公司……"呢？

这么多跨领域的专业性事务，光靠掌握核心技术的那个人远远不够。投资人看过太多项目，非常清楚单打独斗的时代早已过去，他要的是团队作战，集团军更好。

关于这个问题，我经常听到的回答是："等融到资有钱了，马上就去招人来做这些事情。"这样的想法已经跳出了问题本身，变成了一个"先有鸡还是先有蛋"的哲学死循环。

当然，现在已经出现了一些投资人为科学家"攒局"的例子，在最后一讲我会分析这种做法到底可不可行。

自主经营与风险管控

很多创业新人第一次融资的时候，看到一票否决权条款里面有那么多的事项，以为投资人要干预公司的日常经营，从此以后他就会失去对公司的控制。

我在第4讲介绍过投资人的工作轮回，他的主要工作是投资，投完你就到下一个。他当然希望你做得好、做得大，但不代表他要亲自参与经营。事实上，即使他想要这么做，也不一定有那个能力。

董事会和否决权等条款，是投资人为了管控风险，在公司经营可能出现问题的时候能够通过这些权利把风险排除掉。

上面列举了四个创业者在思维层面上与投资人的认知错位，之所以把这个问题单独用一讲来强调，是为了能让你意识到，不管是写商业计划书还是与投资人进行面对面的问答交流，一定要从投资人的角度去换位思考，用投资的思维去反复审查，看看你说的是不是投资人想要知道的。

第19讲　编写原则：用投资的语言去写商业计划书

创业者的商业计划书，相当于求职者的简历，在创业者与投资人完全陌生的情况下，得先用它来引起投资人的兴趣，才有下一步的可能。

如果你找市场上那些提供商业计划书代写服务的咨询机构代笔，要注意的重点其实并不是它能不能把项目情况百分百展现出来，而是它能不能把创业者的"语言系统"精准"翻译"成为投资人的"语言系统"。除此之外，还要看替你执笔的那个人的专业能力和功底水平如何，比如有没有做投资人或者 FA 的工作经历，做没做过至少一个项目的完整的尽职调查，有没有独立编写过尽职调查报告，有没有成功投资或者成功融资的项目案例等。

如果你要"自己动手，丰衣足食"，那我就把写商业计划书的"四大心法"传授给你，帮助你建立一个框架标准，然后用投资人的"语言系统"去充分表达你的创业项目。

用投资的逻辑去写

还记得那几条通用性很强的投资逻辑吗？投资人初步接触项目的时候，基本都会用这些标准来对项目进行初步的判断。

投资即投人

主要是看人行不行，过去的教育背景、工作经验以及行业资源强不强，跟现在创业的领域是不是高度相关。

比如，在芯片领域，创始人拥有博士学位，或者是来自著名企业的技术大牛，几乎已经是标配了。又比如，在互联网行业，创始人来自互联网大厂，或者拥有连续的创业经验，有非常丰富的产品或者运营经验，也是非常理想的竞争优势。

在写团队介绍的时候，重点就是把与你正在做的业务所要求具备的关键资源和能力"强相关"的要素展示出来，用强大的"人力资本"优势告诉投资人，你比其他人更有可能把这件事做成。

市场空间足够大

市场空间怎样才算大？不同的投资人可能会有不同的看法，但最朴素的看法当然是越大越好。以市场规模能够支撑起多少家上市公司为例，目前国内的榨菜市场只有一家上市公司，而酱油市场却有好几家。

对于 VC 来说，能否投出一个赛道里的上市公司，多多少少都存在着概率的因素，直白点说就是碰运气。显而易见，行业的市场规模越大，能够容纳的大公司就越多，有机会达到上市标准的公司就越多，VC 投中的概率就越高。也就是说，如果时光倒流，投资酱油赛道会比投资榨菜赛道更容易投出可以上市的项目。

当然，那些存量市场暂时还不够大，但是增量市场却非常"诱人"的行业，也有很大的机会可以投出一家上市公司。不过，对于这样的行业，要注意进入的时机，太早进入市场还没发育起来，你可能会成为"先烈"，但太晚进入又可能错失先机，连汤都没得喝。

那什么时候进入最好呢？

风口将要来临的时候最好。

我可不是让你什么火热就做什么，"追逐风口"是非常要不得的做法。这里"风口将要来临的时候进入市场"的意思是"找准风口"，洞察市场趋势，捕捉到那股汹涌澎湃的"巨浪"，顺势而为。事实上，抓住时机一举成功也好，坚持深耕获得成功也罢，这两者并没有什么实质性区别，都是成功。而创业者和投资人要的，也只是"成功"这个结果而已，过程当然越顺利越好，不然我们为什么要说"顺颂商祺"呢？

所以，如果你所处行业的存量市场暂时不算大，没关系，用增量市场说事，告诉投资人未来属于你的那块蛋糕会有多大。

与趋势保持一致

做风投，尤其是做早期项目投资的风投，经常会思考一个问题：未来是什么样的？他们会从行业发展历程、技术及产品发展现状以及国家政策导向等维度去进行分析，找到其中的规律，预判出趋势的方向，从而描画出未来的画面。

比如，在贸易摩擦和禁运的背景下，芯片产能吃紧，国家出台政策大力扶持集成电路产业，资本闻风而动，半导体项目受到追捧，在这个赛道上深耕了十余年的华登国际也一下子成了投资的风向标。这里面，有做出趋势预判提前进场的机构，也有因政策导向转换跟风的机构，还有后知后觉只能喝汤的机构，不论孰高孰低，都使整个风投圈风云变幻。

又比如，物联网赛道，从底层建设来看，"端－边－管－云"的基础设施逐步完善，网联和数据采集能力基本普及，进入高速增长期后，必定会形成大型数据池，拥有大数据能力的创业公司会迎来更多的发展机会。而从物联网行业的竞争格局来看，平台层的整合将会加速，未来上游市场的集中度会越来越高，在这个环节的投资机会已经变得越来越少。但是应用市场因为场景属性差别巨大，会从现在的分散网状结构开始分叉，逐渐形成完整网状。这意味着，全面开花的模式没有前途，专注一个领域应用场景的创业公司更有机会率先跑出。

你现在做的事情就是未来的样子，才会有人投你。

出众的竞争优势

从某种形式上看，风险投资像是在做选择题，一道题是"投不投"，另一道题是"投谁"。

市场上有那么多赛道，每一个赛道里都有很多玩家，决定了要在哪个赛道出手后，自然是选里面最有前途的那个，这是非常朴素的投资逻辑。

所以，你要展示出在当下的竞争环境中你拥有的最为关键的、可以左右胜负成败的竞争优势是什么，比如核心技术、产品性能、品牌效应、成本规模、渠道体系、供应链能力等。拥有这些竞争优势，你就比对手更强大，能抢夺更多的客户，能更快地占领市场，做大规模。

有肌肉就应该晒出来，不然那么辛苦健身为了什么？

用数据和事实说话

很多创业者在展示项目情况的时候，会把大量的主观判断加进去，希望说服投资人认同自己的想法。事实上，融资就是一件把自己的想法装进投资人脑袋的事情，表达自己的判断和想法去获得认同确实非常重要。

但是，大部分创业者都犯了一个很容易被忽略的惯性错误，就是只顾着讲观点和结论，却忽视了逻辑递进。通俗地说就是，这个观点或结论，你是怎么得出来的。

靠经验吗？靠常识吗？靠你觉得吗？

都不是，要靠数据和事实。

比如，要表达市场的需求情况，下面哪种表述会更好呢？

（1）我们接到过很多客户的咨询电话，都表达了对这项服务的迫切需求。

（2）某某机构的统计数据显示，市场对这项服务的需求率高达87%。

显然，第二种说法有权威机构的统计数据提供支撑，更有说服力。

你要始终记住一点，商业计划书与求职简历的功能一样，都是先让信息接收者初步了解你，对你产生兴趣，然后才会有后面的深入交流和信任建立。

怎样让对方产生兴趣呢？写一堆类似"具有丰富的项目经验，很强的组织能力和协调能力……"这样的"虚"话吗？还是写"曾任某项目负责人，带领多少人，在多长时间内，完成什么样的交付目标，给客户的销售业绩带来百分之多少的提升"？如果你是面试官，会选哪个来面试？

商业计划书也一样，单纯只靠"你认为""你觉得"很难让投资人信服，必须提供客观的数据和事实作为支撑，让投资人在"论据"和"逻辑"层面无法提出任何质疑，从而被你说服。

只讲要点不要上课

在展示各个维度的项目信息的时候，要言简意赅，不要长篇大论。但是，有些创业者却把"敲门"用的商业计划书做成几十页的教材，好像要给投资人上一门专业课似的，一次性把项目的所有情况毫无保留地说出来。

我非常理解创业者对于融资的迫切心情和那份"只要你听完就会认同我"的自信。然而，了解、认同和信任不是一朝一夕产生的，需要一个过程。商业计划书写得太长，庞大的信息量会增加投资人的信息处理难度，反而不利于他快速对你产生兴趣。

什么是信息处理？

人的大脑相当于一个信息处理器，从外界接收信息，在大脑处理信息，通过行动输出信息。信息输入的质量和总量是信息处理的基础，而信息处理的能力则直接影响到信息输出的结果。

信息的质量与准确度呈正相关关系，信息的准确度越高，准确信息与干扰信息的信号强度的比值（信噪比）就越大，信息的质量则越好。干扰的噪声小，信息接收者对信息的处理效率才会高，决策和行动都能事半功倍。同时，信息的质量还会受到全面性的影响，如果投资人得到的信息是片面的、阉割过的，那他大脑里关于这个项目的信息框架就不完整，基于投资逻辑做出的判断和决策也将产生严重偏差。

要使投资人对你的项目判断输出正向反馈，做出积极的行动，你可以在信息输入阶段下功夫，提供全面且准确的项目信息，帮助投资人在信息处理阶段更好地理解和判断，把融资进程往下推进。

应该怎样做呢？应做到下面两点：

（1）信息全面性：提供能够覆盖投资人了解项目所需要的所有维度的信息。

（2）信息准确度：对这些信息进行加工提炼，降低投资人的信息接收难度，提高他的信息处理效率。

先说信息全面性。投资人了解一个项目所需要的信息，一般可以从尽职调查所覆盖的维度来划分。

通用性比较强的，包括政策、行业、市场、竞争格局、产品、客户、销售、竞对分析、商业模式、成本结构、发展规划、融资计划等。

专用性比较强的，则根据项目具体情况进行补充。比如制造业项目可以增加上游供应链、仓储物流、生产制造等维度的信息，新消费项目可以增加代工或生产、品牌、渠道、营销、运营等维度的信息。

覆盖了这么多的维度，信息全面性有了，那怎样提升信息准确度呢？

你可以尝试这样做。首先，对每个维度提炼总结出事实类的概要，或者判断类的观点。然后，展示得出的概要或者观点的逻辑分析路径。

比如，现在的消费赛道，技术驱动型、品牌＋服务驱动型、内容驱动型的企业将更有市场机会，因为逐渐成为新一代消费主体的"90后"和"00后"的消费需求发生了深刻的变化，从追求高性价比向追求高品质、个性化转变。

另外，你还可以用数据、例证、事实等论据去支撑得出这个概要或观点的逻辑分析路径为什么是成立的。

举个例子，我给一个客户总结产品优势的时候，是这样写的："产品（通信器件）体积减小50%，全球最小；可让客户用同样价格获得更多成品组装空间，总体生产成本降低约35%。"然后，再用一张表格，用直观且客观的数据，对比竞对产品的性能、规格、成本等。

只要是专注于这个市场领域、有一定经验的投资人，一看就会明白其中的关键点：随着5G商用的普及，应用场景越来越多，提升"空间利用率"的要求必定会使通信设备往小型化方向走，能率先满足下游客户缩减成品体积的需求，而且价格还不变，这样的产品在未来必定会率先抢到非常可观且具备高增长性的市场份额。

你看，一句话，一张表格，就足以展示产品的核心竞争力。懂行的投资人被撩起了兴趣，必定不会放过这样的好项目，肯定会主动联系你，追着你问到底是怎么做到的呀，核心技术都是自己研发的吗，申请专利了吗……

如果投资人不懂行呢？要给他上课吗？

不懂行，证明他专注的投资领域不在这里，给他上课，他的学习成本高，你的教育成本也高，教完之后他还是不敢出手的概率更高。

拆解目标落地执行

融资，是当下融资，实现未来目标；投资，是当下投资，期待未来收益。说未来，比说现在，更重要。

所以，在介绍完公司的现状后，你还需要告诉投资人未来有什么计划，需要花多长时间、多少钱，去达到一个什么样的目标。这些内容其实就是最后要展示的信息，包括：发展规划、财务预测、融资需求、资金用途等。

怎样展开描述呢？

举个例子。假设你是一家拥有品牌产品的"To C"零售公司，你的公司有一个3年的发展计划，业绩目标是实现总共1亿元的营收，以每年递增的方式分别达到1000万元、2500万元、6500万元的阶段性里程碑。

首先，把这1亿元的"小目标"拆解成关键任务：

销售额（1亿元）＝ 流量 × 转化率 × 客单价 ＋ 客户数 × 复购率 × 客单价。

公司刚起步，目前产品品类不多，在没有打开市场的情况下品牌知名度和粉丝规模都不够大，但是已有的3000名付费客户对产品的满意度较高，达到80%，复购率达到30%，新客户中有40%是老客户介绍来的。

所以，第一年的重点计划放在提高流量和转化率上面。

你可以通过广告宣传和事件营销等方式把知名度提上来，让更多的人知道这个品牌和产品，提高流量。

其次，通过打折、赠优惠券、团购、裂变营销等多种组合促销手段提高转化率，把付费客户的数量提上来，并找到一批忠实顾客。

经过计算，只要全年流量达到1000万次，转化率提高到同类产品行业平均的2.5‰，在平均客单价300元的情况下，新客户可以带来750万元（＝1000万 × 2.5‰ × 300元）的销售额。

这个时候，累积的付费客户数量大约可达2.8万人（＝3000+1000万 ×

2.5‰），按照复购率为30%，客单价为300元计算，老客户预计可以带来252万元（=2.8万 × 30% × 300元）的销售额。

接着，告诉投资人需要多少钱，组建一支多大的团队，投入多少广告和补贴，可以把流量和转化率提上来，实现第一年1000万元销售额的里程碑目标。

最后，做一个简单的财务预测，比如未来3年的营收、毛利和净利分别是多少。

以上就是关于如何"把未来的计划目标，拆解为可以落地执行的动作"的简单例子。当然，你不需要把上面整个过程都写出来，只需要按照前面的3个心法，"用投资的逻辑去写，用数据和事实说话，只讲要点不要上课"，把要告诉投资人的核心内容，用清晰的逻辑和可以落地执行的关键动作，展示出来就可以了。

第20讲　框架拆解：商业计划书的内容结构和展示逻辑

如果把公司比喻成"商品"，那商业计划书就是印在这个"商品"外包装盒上的"简要说明"。消费者看到一个商品想着要不要买的时候，都会先看一下它的简要说明，比如成分、功效、规格、产地、生产日期、使用方法等，如果合适，就会放进购物车。

投资人看一个项目也一样，会先从多个维度进行了解，然后再决定要不要跟创始人深入聊一聊。

那么，商业计划书需要涵盖哪些维度的内容呢？

这里面其实是有"套路"的。这个"套路"，就是业内经常开玩笑说的"讲故事"。商业计划这个"故事"，你可以这么跟投资人讲，如图5-1所示：

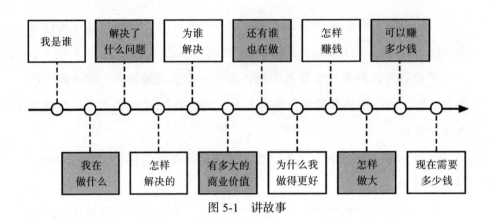

图 5-1 讲故事

我是谁：团队介绍

所有的商业行为都是由人来完成的，对于早期和成长期项目来说，创始团队是投资人重点评估的关键要素之一。

对团队的介绍，除了学历高度、职业深度和人生成就之外，还有两个地方要特别注意。一个是行业关联性，团队成员是否具有与行业强相关的技术背景或者市场经验，对产业发展和市场规则是否了解。另一个是配置完整性，团队成员里是否已经拥有公司的商业模式所要求配置的专业人才，比如技术、产品、供应链、生产、渠道、运营、营销、销售、品牌等。

另外，诸如创始人的愿景力、开放性、同理心、领导力等个人特质也是很重要的考察点，但却很难通过商业计划书反映出来，你需要在交流和协作的过程中向投资人展示。

我在做什么：产品（或服务）特征

你为客户提供的产品或服务是投资人要评估的第二个关键要素，它们是企业与客户进行沟通和建立关系的桥梁，也是一个企业所能创造的商业价值和社会价值的载体。

与团队信息不同，产品信息更直接也更客观。你要从"以为他知道"的惯性误区走出来，用最直击本质的语言，告诉投资人，你的产品到底是什么。

举个例子。日本有一个茑屋书店，只看名字你可能以为它是卖书的。但实际上，图书销售已经是"过去式"，它现在提供的产品是"一个让附近的人度过一段美妙时间的场所"，基于人群运营的"推荐逻辑"，为走进书店且停留在这段美妙时间里的人，推荐各种美好的生活方式。

比如，走进料理区，这里不光摆放了推荐的学习料理的书籍，甚至书里面提到的锅也会摆在旁边，可以在做饭的时候听的音乐的 CD 也摆在旁边。从"To C"业务的角度来看，茑屋书店卖的不是书，而是书里面的生活方式。

你是不是觉得这样的"产品"挺特别？但这就是这个产品的全部本质了吗？

没有那么简单。茑屋书店背后的公司 CCC（Culture Convenience Club，文化便利俱乐部）通过数据驱动，为每一个加盟店主赋能，让所有茑屋书店做到了"千店千面"。

比如，通过 RFID、借书证等方式，了解每个用户在每家店的习惯，然后告诉加盟店主，这个街区、这个时节的旅行主题应该放一本意大利旅行的书，旁边还可以放一张来自意大利的明信片，联动销售。当客户选购好商品之后，CCC 又通过一套强大的订货系统，直接帮助加盟店主完成订货，解决门店的供应链问题。

所以，从"To B"业务的角度来看，茑屋书店不是一家"线下连锁书店公司"，而是一家"数据驱动的咨询公司"。它真正售卖的产品，是"To B"的销售咨询服务，以及配套的增值服务。

这个例子稍微复杂了一些，但我希望你可以通过这个例子，学会如何从繁杂的表象中提炼出产品的本质，然后准确地告诉投资人。

解决了什么问题：市场需求（或客户痛点）

所谓客户痛点，其实就是市场需求，它背后蕴含着一个问题，就是"客户为什么愿意掏钱买"。所有产品都要找到对应的市场需求，才能找到客户。

GGV纪源资本前执行董事于红女士分享过一个"人群–需求"的匹配模型，我从创业者的角度做了一些修改，方便你更好地去分析产品与市场需求的匹配程度，如图5-2所示。

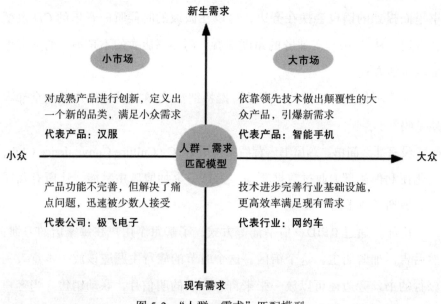

图5-2 "人群–需求"匹配模型

这个模型的横轴从左到右是"小众"和"大众"，分别代表"相对小的市场"和"相对大的市场"；纵轴从下到上是"现有需求"和"新生需求"，分别代表"已被验证的需求"和"将被激发的需求"。

市场大小很好懂，但"已被验证的需求"和"将被激发的需求"怎么理解呢？

"已被验证的需求"是已经有解决方案的显性需求。比如，打车就属于显性需求，而网约车则是在"互联网通信、智能终端、全球定位、移动支付"等基础设施完善的条件下，用效率更高的解决方案去满足人们"出行"的需求。

"将被激发的需求"是指以前没有解决方案，人们甚至不知道自己有这方面的需要，一旦有创新的产品出现就会被激发的隐性需求。比如，代表了国潮文化的汉服，就是随着年轻人文化自信不断上升而被激发的隐性需求。

模型划出了四个象限，每个象限都有各自的底层规律。不管处于哪一个象限，或者甚至不在这里面，只要找到产品与需求间的匹配规律，你都有机会赢得市场。

这个匹配模型是个不错的分析工具，但你应该没有忘记我在"使用说明书"里说的"每种理论都有前提"。相信你已经看出来了，它的应用前提就是，产品以"To C"为主。

那如果是"To B"或"To G"，甚至是"To 军工"呢？

虽然客户类型不同，买单的决策流程也不同，不过在需求这个层面，底层逻辑是一样的：客户认为自己需要，才会愿意付钱购买。

所以，在"市场需求"这个环节，重点是告诉投资人两方面的信息，"对应的市场需求在哪里"，以及"这个需求怎样产生、会持续多久、将变得多大"。

前者证明你的商业计划是成立的，后者证明你的商业计划是有前途的。

怎样解决的：解决方案

证明了市场需求之后，紧接着你就可以说说，到底是通过什么创新的办法来满足这个需求的，怎样解决了客户或者行业的痛点。

我经常看到不少创业者在商业计划书里用比较长的篇幅去描述解决

方案,感觉他们是在努力把整个产品说明书和操作手册都写进去。这是一个融资新手很容易陷入的误区:用假"勤奋"掩盖真"懒惰"。

提供详细的信息不是更好吗?怎么还变成懒惰了?

因为,如果不对解决方案做提炼,只是堆砌大量细节,会增加投资人的信息接收和信息处理的成本,不利于他对项目快速形成一个整体认知。

事实上,你只需要说清楚,通过产品的哪些关键特征或特点去解决客户的痛点或者满足市场的需求就可以。

前面举过一个通信器件的例子,这个产品叫作"环形器",技术相对成熟,不同厂家的产品在性能和功能上并不存在"代际差别"。

那我的客户到底用什么办法让产品脱颖而出,成为细分品类的全球冠军呢?

他主要是在小型化这个层面做到了极致,连 Meta 新建的新型 IDC[一]都在用它。

所以,介绍解决方案的时候我只提了两点:一是环形器尺寸全球最小(给出具体规格尺寸和产品对比图),符合产品"小型化"的行业趋势和客户需求;二是谷歌也在用(Meta 的 IDC 设备现场安装照片)。至于这个产品的其他性能参数和功能描述,我一个字都没提。

结果呢?投资人要求约谈的比例超过 80%。

为谁解决:目标客户

找到目标客户,是商业模式中极为重要的一环,在商业模式三要素、四要素、六要素、九要素这四种模型中都有提到。

我经常用商业模式六要素模型给项目做商业模式分析,其中的第一要素"定位"的定义就是"你为什么样的客户提供什么价值"。

[一] 即 Internet Data Center,互联网数据中心。

有些时候，你开发的产品决定了客户是谁；而有些时候，你希望客户是谁也会反过来决定你要开发的产品。

在这里，你可以尝试用 STP 战略营销定位法来对目标客户做一个细分。S、T、P 这三个字母，分别指：Segmentation（细分）、Targeting（目标）和 Positioning（定位）。

细分，就是把市场这个无限空间，划分成若干个小空间。

比如鞋类行业，可以按性别分类（男人或女人），按年龄分类（儿童、青少年、中年、老年等），按消费能力分类（低端、中端和高端），按区域分类（中国、北美、欧洲、非洲等），按品类分类（皮鞋、运动鞋、休闲鞋、凉鞋等）。再进一步，在品类里面还可以继续细分，比如运动鞋又可以分为足球鞋、篮球鞋、网球鞋、羽毛球鞋等，很多的角度，无数的分法。

划分好空间之后，找到你的目标，也就是做选择。

有些创业者可能说，他的产品是大众化的，绝大部分人都是目标用户。要知道，大众化其实只是做了一个默认的选择，并没有进行细分。

是按大众和社会成功人士分（消费品味）？是按大众和高净值消费者分（消费能力）？还是按大众和小众分（生活习惯）？

这个时候，你还需要做定位。

定位的本质是差异化。意思就是"给客户一个选择你的理由"。比如，你的产品拥有很强的性价比优势，或者是拥有非常时尚的外观设计，又或者是有独特的情怀元素（二次元、知青文化等）。

带你看个很难"啃"的项目案例。我的一个客户从事集成电路芯片检测业务，这个业务在"广义检测"中属于"测试"里面的"第三方实验室检测"，产品形态区别于"量测""缺陷检测"和"测试"里面的"专业测试"。但是，这几种产品形态在目标客户上又有很高的重合度。

怎样才能快速地跟投资人说清楚呢？我制作了表 5-1 来辅助说明。

表 5-1 "产业链环节-业务范围-目标客户"对应表

广义检测		晶圆生产			前道：晶圆制造							后道：IC封装
	设计	抛光	清洗	检测	离子注入	扩散	镀膜	抛光	刻蚀	曝光	清洗	
量测				外观尺寸 外观检测		四探针电阻 掺杂浓度	膜厚 膜应力		关键尺寸	关键尺寸 套准测量		外观尺寸 外观检测
缺陷检测				化学腐蚀 显微观察		无图形缺陷检测			有图形缺陷检测 SEM review①	掩膜版 检测		残留/玷污 检测
测试	成品有效 性测试：对 晶圆、封装 成品有效性 进行验证				WAT 测试②							CP、FT 功能和电参数性能测试
	样品检测： 可靠性测试 可靠性管理 失效分析 竞品分析 电路修改等			材料分析 缺陷分析	可靠性测试、可靠性认证、可靠性管理、可靠性系统搭建、失效分析、竞品分析、材料分析等							可靠性测试 可靠性认证 可靠性管理 可靠性系统搭建 材料分析 时效分析 竞品分析等
客户类型	设计厂商			硅片厂商	IDM 厂商③、Foundry④							封装厂商
主要玩家	台湾宜特 台湾闳康 胜科纳米 我的客户			我的客户	台湾宜特 台湾闳康 我的客户							京元科技 利扬芯片 华岭股份

① 用扫描电镜对检物（如晶圆、硅片完成所有制程工艺后的裸芯片）进行检查。
② Wafer Acceptance Test，硅片完成所有制程工艺后的电性测试。
③ 一种集芯片设计、制造、封装、测试和销售等多产业链环节于一体的产业运作模式。
④ 晶圆厂商。

从产业链环节、检测业务细分、具体产品名称、客户类型到主要玩家，一目了然，尽管在外行人看来这个表犹如天书，但是专注半导体行业的投资人一看就会明白。

而你要找的，不正是懂行的投资人吗？

有多大的商业价值：市场规模

市场规模一般会用行业的"产品零售总额""CAGR（年平均增长率）"等数据进行描述，你可以通过查看行业监管机构、统计机构、有公信力的行业第三方机构公布的信息获取这些数据。

创业者容易在市场规模这个维度上犯的一个常识性错误是，把大行业、大市场的规模，套在自家产品所对应的细分目标市场上面。要知道，每个行业都有它的产业链条，这个链条里面上中下游的每一个环节，乃至这个环节里面的产品类别，都有各自相对应的细分市场规模。

继续拿鞋类市场来举例。比如，你的公司是做篮球鞋的，对应的大行业是鞋类行业。但是，整个鞋类市场都在你家产品的射程范围内吗？显然不可能，鞋类按功能分，可以分出皮鞋、运动鞋、休闲鞋、凉鞋等几十上百种品类。其中，运动鞋属于鞋类这个大市场下面按功能分类的二级细分市场，但它仍不是你家产品对应的细分市场，它下面还可以按使用场景继续分出足球鞋、篮球鞋、网球鞋、排球鞋、羽毛球鞋、跑鞋等不同品类。如果你的产品系列没有覆盖全部运动鞋品类，那运动鞋这个二级细分市场的规模就不能套在你的产品上面，还要继续细分，直到找出属于篮球鞋的市场规模。

篮球鞋解决的市场需求比较明确，细分市场规模的统计数据也比较容易找到。但是，有些产品解决的市场需求却复杂得多，你不一定马上就能找到它对应的细分市场规模。

举个例子。假设你的产品是咖啡，如果按场景做细分，会属于哪个场景呢？如果是星巴克的"第三空间"，就是一个典型的"慢场景"，客户可以悠闲地坐在里面喝咖啡、聊天；如果是瑞幸咖啡、Manner 咖啡的即买即走模式，就是主打"快场景"，可以在办公室工作累了的时候点上一杯；如果是三顿半的冻干咖啡、永璞的闪萃咖啡，就是主打"便携场景"，适合出差或者宅在家里的时候来上一杯。

看出来了吗？光是咖啡的使用场景不同，就可以分出"慢场景""快场景"和"便携场景"，如果再按其他标准进行划分，还会分出很多细分市场，而不同的细分市场，对应的市场规模也会不一样。

所以，你在回答市场规模大小这个问题之前，需要先回答一个底层问题："这个行业提供的是怎样的产品？"弄清楚这个底层问题后，你就可以找到你的公司所属的市场在哪里了。

上面所说的，是从产品解决了什么需求这个本质出发来寻找细分市场的。下面，我将用"改造—替代—创造"这个分析框架，带你看看还可以怎样找出细分市场。

改造，就是改善原有行业里面某个环节的效率，比如节省生产或交易成本，产业链去中介化等。

替代，就是让用户用你的新产品去替换原有的旧产品，比如过去燃油车替代了马车，现在新能源车开始替代燃油车；又或者把线下的东西往线上搬，比如新闻资讯应用替代了报纸，互联网售票替代了传统影院的线下售票。对于替代程度，业内常用"渗透率"进行数据量化，比如现在进电影院看电影的人有 80% 是通过网络购票的，那互联网售票对电影售票的渗透率就是 80%。

创造，就是通过创新技术或商业模式提供新的产品或服务，去满足没有被满足的需求，从而诞生出全新的行业和市场，比如外卖、潮玩、剧本杀、建筑楼宇数字化、元宇宙等。

通过使用上面的方法，你可以准确地找到产品对应的细分市场以及它的规模大小。不过，这还不足以引起投资人的兴趣，你还需要继续告诉他这个行业的增长，是供给在驱动，还是需求在驱动。供给驱动和需求驱动的概念来源于经济学，你可以把它理解成，产业发展的主要动力是来自供给一方（卖方），还是需求一方（买方）。

对于大部分已经相对成熟的行业来说，市场规模是由需求决定的。但是，对于大部分的新经济行业，供给创造需求的特点就很明显。

比如，苹果创造 iPhone 之前，人们对于手机的需求只限于打电话和发短信。苹果定义了智能手机之后，现在智能手机已经成为人们生活中不可或缺的需求。这就是典型的供给驱动行业增长的例子。

相反，汽车行业现在已经发展到成熟阶段，哪怕是新能源车的出现也没有在"出行"维度上创造出新的需求，这个市场的规模现在取决于有多少人有买车的意愿和支付能力。

另外，随着外部环境的变化，也有可能在某些已经是需求驱动的行业的产业链条上出现短暂的供给驱动的现象，比如疫情之下的半导体制造，就由晶圆制造环节的总体产能来决定市场规模。

供给驱动的行业潜在爆发力特别强，一旦需求匹配，就是前景无限，市场规模由供给方的产能决定。需求驱动的行业业态相对成熟，需要根据未来的需求量去测算行业的天花板。

还有谁也在做：竞争格局

一个行业的竞争格局，说的其实是市场这块蛋糕怎么分的问题。在商业计划书里谈竞争格局，主要是告诉投资人，这块蛋糕到底有多大，或者将会有多少是属于你的。

有经验的投资人会结合市场规模和行业发展阶段来分析竞争格局。

先来看市场规模对竞争格局的影响。商业的内在逻辑之一，就是规模越大的市场，参与者越多，竞争也会越激烈；相反，如果对手很少或者没有对手，可能说明这块蛋糕太小，没有什么吸引力。

再来看行业发展阶段对竞争格局的影响。如果行业处于高速增长期，需求大于供给，则很少会看到玩家之间起正面冲突，因为这个时候订单都接不过来，没空去"打架"，哪怕是实力一般的玩家都有机会冲到市场上去分一杯羹，大家抢的是增量市场。如果行业增长趋于稳定，供给开始过剩，到了要拼精细化运营的时候，玩家们就进入了"拼刺刀"环节，刀刀见血，大家争的是存量市场，没有竞争力的低效率玩家会逐渐被淘汰，行业供给被市场这只无形的手降了下来。

就像我在第 3 讲里说的，面对快速增长的蓝海，告诉投资人，你凭什么可以更快地抢到蛋糕；面对竞争激烈的红海，告诉投资人，你凭什么可以抢别人的蛋糕。

具体怎么说？

请看下面的竞对分析。

为什么我做得更好：竞对分析

竞对分析（竞争对手分析）可以从多个维度进行，比如产品、渠道体系、客户群体等，具体选择哪些维度，要根据项目的具体情况而定。

竞对分析的目的是通过对你和你的竞争对手在一个或者多个维度上进行分析和比较，来说明你的竞争优势在哪里。

举个例子。我做 VC 的时候投过一个做 Nor Flash 存储芯片（闪存）的项目，它的产品可以广泛应用在消费电子、物联网及汽车领域。对于存储芯片，主要关注其制程（多少纳米和与晶圆制造工艺的匹配度）、良品率、容量大小、生产成本、性能参数、可靠性等。清楚产品有哪些需要进行分析的关键要素之后，就可以做出一张表格，把你的产品和竞争对手的产品针对各个要素一一进行比较，通过客观数据对比和事实例证，突出你的竞争优势。比如这个项目，当时产品在先进制程上已经完成45nm 的研发，领先于对手的 65nm；成本比对手低 25%；良品率比对手高 5%；可靠性达到欧美标准，高于我国台湾地区的供应商，等等。

突出优势就是"晒肌肉"，但如果有些地方比不上竞争对手，没有优势只有劣势，怎么办？

无妨，大方承认，不必隐瞒。

事实上，就算你含糊过去了，在后面的尽调环节你的劣势还是会被查找出来，写进报告里面。所以，与其藏着掖着，倒不如现在就大方地承认。

承认自己的不足，然后给出解决办法，让投资人在尽调过程中去验证你的思路是不是可行，就足够了。

怎样赚钱：盈利模式

一家公司的盈利模式，简单理解就是怎样赚钱，它解决的是企业自身如何获得利润的问题。你需要告诉投资人公司利润的来源与方式，也就是从谁那里获取收入，又由谁来承担成本。

要知道，行业相同的企业，如果公司定位和业务系统（商业模式六要素模型中的第一个和第二个要素）不同，收入结构和成本结构（也就是盈利模式）就不同。即使公司定位和业务系统完全相同，盈利模式也可以多种多样。

不少创业者在设计盈利模式的时候，往往都只会用最简单的模型，也就是由自己支付成本、承担费用，然后依靠主营业务的直接销售获得收入。这种盈利模式的收入来源比较单一,在产品、定位、业务系统、组织结构和功能、投资模式、成本结构以及营销模式同质化的情况下,将会面临非常激烈的竞争,如果没有技术或结构层面的创新,最后往往就会导致一种结果——价格战。

举个例子。你有没有发现,现在电视机越来越便宜,一台60寸的液晶电视机2000元就可以买下?这是因为电视机这个产品经过多年的竞争和发展,技术和形态已经非常成熟,市场上数得过来的那几个大品牌在供应链、生产方式、销售渠道等方面差异不大,同质化之下谁都没有突出的竞争优势,只能用降价策略抢夺市场,以致2021年彩电行业的平均利润率只有1.8%。

对于电视机这个产品,我的判断是,如果没有技术革命出现,去颠覆现有的产品形态,行业里的玩家很难通过模式创新让消费者为高价买单,改善现在的盈利模式和利润水平。

拿苹果公司的例子来佐证一下我的观点。电视机是智能家居和家庭娱乐的主角,但一向追求全链路消费电子生态的苹果为什么只推出Apple TV+,在流媒体混战中与奈飞、亚马逊和迪士尼打得不可开交,却迟迟不做个"iTV"电视机出来相互配合呢?可能是因为苹果现在还没有办法重新"定义"电视机这个产品。你应该还记得苹果每次推出一个新产品都能让消费者感到惊艳,比如 iPod 重新定义了 MP3、iPhone 重新定义了智能手机、iPad 重新定义了平板电脑、iWatch 重新定义了智能手表、AirPods 重新定义了真无线耳机。但是电视机这个产品自液晶和等离子大战后,产品形态几乎没有变化,再加上它的使用场景主要是家里的客厅,与消费者的交互频率远远比不上手机和平板电脑,苹果很难通过细微的设计差异去做颠覆性改变,也就暂时没办法对电视机进行"产品革命"了。

不能进行"产品革命"苹果就不做了吗？也许真的是这样。苹果在2017年推出过一款智能音箱，叫HomePod，价格很高，且其功能、性能、设计等都没有与市面上的同类产品拉开差距，市场反应平平，连"果粉"都不买账。因此，苹果只能在2021年上半年宣布停产，把精力放到售价99美元的HomePod mini上。有过这样的教训后，如果苹果现在就去做电视机，会不会又是一次类似于智能音箱的重蹈覆辙呢？价格高了卖不出去，价格低了又不赚钱，到时候如果被电视机这个产品拉低整体利润率，苹果可不好向股东们交代。

说的有点远了，我们回来正题。

除了"自己支付成本、承担费用，然后依靠主营业务的直接销售获得收入"这种最简单的模型外，商业世界里还有各种各样的盈利模式供你选择。比如，北京大学汇丰商学院魏炜教授就分享过一种盈利模式的划分结构（见表5-2），你可以参考一下。

表5-2　盈利模式结构表

成本支付				
零可变成本	盈利模式9	盈利模式10	盈利模式11	
第三方伙伴	盈利模式6	盈利模式7	盈利模式8	
企业和第三方伙伴	盈利模式3	盈利模式4	盈利模式5	
企业	盈利模式0	盈利模式1	盈利模式2	
	直接顾客	直接顾客和第三方顾客	第三方顾客	收入来源

看出来了吗？你的收入来源不一定是直接顾客，也可以是第三方顾客。比如，主要依靠广告收入的百度搜索业务就是互联网行业著名的"羊毛出在猪身上，狗买单"模式；又比如，儿童课外教育的用户是孩子，但付费的顾客却是家长。

同样地，你的成本和费用也不一定非要自己来承担，也可以转移给其他利益相关者。比如，罗振宇在2022跨年演讲上介绍过一家叫作"愿景"的物业改造公司，它在清洁小区卫生这项日常开支上，通过组织小区里经常捡纸壳、矿泉水瓶的上岁数居民，按照"分地盘（责任感）—发志愿者工作服（荣誉感）—搭小棚（主场感）—指导垃圾分类（价值感）—发津贴（提高收入）"这五步，把聘请专职清洁工要三四千元的成本，降到了只需要每个志愿者500元的水平。

把盈利模式拆解成成本支付和收入来源，就可以清晰地告诉投资人你的主营业务是什么，你的收入从谁那里来，又由谁来承担成本。

怎样做大：发展规划

一个公司的发展规划，属于战略层面的问题，你可以用很多战略工具帮助自己去思考和制定。当然，这个思考和制定的过程不需要呈现出来，只需要告诉投资人未来几年你准备怎样把公司做大做强，然后给出阶段性的目标或者里程碑就可以了。

不需要说得详细一点，增加投资人的信心吗？

不需要。一来是因为篇幅有限，不允许你把整个发展规划都写上去，二来企业的发展规划是动态变化的，可能在内外部环境改变的时候，就需要马上进行调整，现在说得太详细没有现实意义。

雷军说："看五年，想三年，认认真真做好一两年。"

投资人考量的是你的发展计划能不能匹配公司当前的发展阶段，有没有顺应行业趋势，是不是符合商业逻辑。

你可以以时间为横轴，然后在每个时间节点上面标出关键的里程碑目标，简明扼要地描画出一条公司的发展路径。比如，如果公司处于产品研发阶段，那未来1年的重点就是产品研发，在路径上标出时间节点和进度目标，里程碑是"产品研发完成并具备量产条件"。1年后，可以进入产品量产阶段，目标就是"打造供应链体系和建立产能，产能规模达到每个月多少个单位"。2年后，所有设备都调试完毕，良率达到90%以上，产品可以批量供应市场了，那接着要实现的就是"搭建销售渠道体系和组建销售队伍"。

可以赚多少钱：盈利预测

创投圈里有一句有意思的话："创业公司不赚钱就是对投资人耍流氓。"

你跟投资人说完公司是怎样赚钱的之后，还不算完全说服了他，你还要接着告诉他未来可以赚多少钱，赚到这么多钱要花多长时间。

这个环节就是盈利预测。

盈利预测包括营收、毛利润（率）、净利润（率）等基本数据，是一种基于行业历史数据和企业客观现状，对未来3～5年公司收入情况的主观判断，允许一定程度的偏差。

你可以根据公司的发展阶段、当前业务的开展情况和未来发展计划，对比竞争对手的盈利情况，再参考行业的平均毛利率和净利率，做出随着时间推移的估算。

举个例子。假设今年是产品上市的第一年，在知名度不高但产品口碑很好的情况下，做到了1000万元的营收，毛利率达到50%，净利率达到35%，均高于行业平均水平。

如果融资成功，明年计划找某位流量明星做代言，并且加大营销广告的投放力度，预计会带来300%的销售增幅。销量的提升带动生产成本下降，预计毛利率可以达到60%。另外，因为营销费用上涨和公司规模扩大会带来管理成本的上升，净利率可能会下降到27%，低于行业平均净利率（30%），但是净利润会增加。

到了后年，产品知名度提高后，开拓销售渠道的条件已经成熟，预计一年内可以建立起覆盖华南和华东地区的渠道网络，预计营收将会破亿元，不考虑上游原材料成本变动的情况下，毛利率会维持在60%左右，净利率大概率将趋近于行业平均水平（30%）。

然后再对第三年、第四年、第五年的盈利情况做出类似的预测。

做盈利预测的时候，要综合多个维度的影响因素进行合理判断和客观计算，才能得出相对精准的预测数据。

这里我要再次提醒你，对于未来的盈利不要盲目乐观，更不要忽悠投资人，万一他把你给出的预测数据作为对赌条件，那你就是给自己挖坑了。

现在需要多少钱：融资计划

前面跟投资人讲了一大堆项目的内容，现在终于要开口要钱了。

融资计划主要包括两个方面的信息，一是资金需求和出让的股权比例（两者相除得出公司的估值），二是资金使用计划。

比如这一轮融资你需要3000万元，计划出让15%的股权，公司的投后估值就是2亿元。然后，你计划将这3000万元的35%用于产品持续研发，30%用于原材料采购和生产，20%用于市场营销，15%用于公司运营。

前面我说过，资金需求要根据发展规划的实际需要而定，这个预估的数字可以比实际需求稍大一些，但不要超出太多。

你还要注意，投资人不会因为你需要多少钱就真的投给你多少钱，左右这个数字变化的因素还有很多，包括"项目潜在风险评估""未来回报计算""机构的基金账户里面还有多少钱可以投""将会有多少家机构投你"等。

至于估值，你有你的心理价位，投资人也有他的评估标准，最后成交的估值是双方博弈的结果，是谈出来的。

最后提醒你，资金使用计划最好准备一份更详尽的版本。比如，用于产品研发的35%，里面有多少用来聘请研发和技术人员（请哪些专业领域的、给多少薪酬、要请多少个等），多少用于购买研发设备（设备供应商、设备型号、购买数量、单价等），多少用于实验耗材（数量、单价、消耗周期等），等等。

详细的资金使用计划可以增加投资人对你的信心，让他认为你已经真正做好了执行准备，而且可行性很高。

事实上，融资的钱到账之后，你也确实应该有一份详细的资金使用计划，合理地把钱花出去。

第21讲　TS：商业计划书的浓缩精华

经过前面两讲的介绍，相信你已经知道怎样去写出一份高质量的商业计划书了。在此之外，你可能不知道其实商业计划书也有它的浓缩版本，叫作投资概要，是精华中的精华，主要用于一些更前置的精准场景。

比如，FA把项目推荐给投资机构时，经常是投资概要先行。

Teaser 的作用

对于卖方（这里包括项目方公司和居间方FA）来说，投资概要可以起到三大作用。

一是对特定信息的保密。在投资概要中一般不会出现具体的财务数据、敏感客户信息以及具体技术细节，甚至连公司名字和融资计划都进行了模糊处理。

对于不希望业务状况被竞争对手知道，或者不想融资这个行为的信息流传于一级市场的创业公司来说，投资概要可以起到比较好的保密作用。

二是对潜在投资人的筛选。虽然专业的FA可以相对精准地找到项目的潜在投资机构，但当中也存在着一定的概率，而投资概要则可以帮助卖方很好地完成"试探市场反应"这个动作。

投资人看过投资概要之后，如果有兴趣就会要求提供商业计划书或者直接约谈，没兴趣自然就直接淘汰。这种能让投资人第一时间给出反馈的场景功能，无疑大大提高了双方的效率，使得项目和投资人的匹配更加精准。

三是引起投资人的兴趣。投资概要是浓缩精华，绝不是概要信息的简单堆砌。高质量的投资概要还会提炼出项目的投资价值，帮助投资人构建起完整的投资逻辑，并给出投资方可以获得的潜在投资收益和双方可能产生的协同效应，助推交易的发生。

另外，专业的FA在编写投资概要的时候，还会根据市场热度进行必要的技术处理，让投资标的更加符合投资机构当下的投资偏好。

比如，半导体行业因为中美摩擦，国家和行业出于供应链安全考虑做出重大的反应动作，"卡脖子"问题催生了"国产替代"的市场机会，从而在不少细分领域中出现了投资机会，形成投资风口，也使得科技领域的长期投资逻辑产生了变化。在这种情况下，半导体项目的投资概要围绕"国产替代"这个市场机会和投资逻辑来讲述更能引起投资人的兴趣，从而提高约谈比例，为交易成功提供了更多的机会。

你可能觉得这样的技术处理有卖弄"噱头"的嫌疑，但从形式上来看，投资概要就像产品广告，很难做到一上来就让投资人这个"消费者"直接付钱，因此用卖点引起他的兴趣是必要步骤，然后再进入"了解"环节，一步一步地把他转化为"付费用户"。

当然，投资概要只是形式上与产品广告相似，本质上它更加全面和严谨，还需要提供具有说服力的论据，然后在非常短的篇幅中用缜密的逻辑把论据串联起来，形成投资亮点，打动投资人。

可以说，写出一份漂亮的投资概要是一项难度很高的"技术活"，没有严谨的逻辑思维、深厚的文笔功底和相当的投融资经验是写不出来的。

Teaser 的构成

投资概要的基本构成可以分成三个内容部分，包括"联系方式与声明""投资价值（或投资亮点）""项目概况"，下面我按顺序一一展开说明。

联系方式与声明包含了 FA 项目负责人的信息、资料的适用范围、资料接受方的保密要求，以及下一步的推进形式（一般是签订保密协议后提供更完备的项目资料）。

投资价值主要是对项目的突出优势以及投资亮点的总结，一般由 FA 在完成资料收集和信息整理（个别还会进行尽职调查）之后，对公司状况、市场特点、行业趋势、竞争格局及关键竞争要素、商业模式等进行分析，然后基于一级市场风险投资的基本逻辑和具体行业市场的底层商业逻辑进行综合判断，最后提炼出这个项目的"卖点"。

项目概况包括公司简介、核心团队、产品技术、资质专利、市场现状、竞争概况、发展状况、融资需求等方面的信息，并且会根据项目特点进行增删，比如增加行业痛点、解决方案、竞争壁垒、商业逻辑、发展趋势等。这部分内容可以说是给项目进行个性化"定制"，为项目投资价值这个"论点"提供完整的"论据"支撑，完成逻辑闭环。

一般来说，投资概要多以文字方式进行叙述，长度为 1～2 页 A4 纸，用独立不可编辑的文件格式发送。有些 FA 也会把多个项目的投资概要做成精品合集，附上一些辅助图表，打包发给投资人。前者的项目适配度对投资人更加友好，但对 FA 的匹配能力要求比较高，属于精准推送；后者项目数量多，适配度要求比较低，也容易对投资人造成信息处理负担和"噪声"骚扰，属于泛推。

对于创业者而言，投资概要并不是必须要准备的材料，FA 所写的投资概要属于居间方推荐，是行业惯例，有专业能力和业务口碑做支撑，投资人接受度高。如果项目方自己写投资概要，不但投资层面的专业能力不够，而且还有"王婆卖瓜，自卖自夸"的嫌疑，可信度在投资人那里将会大打折扣。

所以，如果你是自己独立进行融资，打磨好商业计划书已经足够；如果是跟 FA 合作，可以看他是否写了投资概要，写得对不对、好不好，有没有把你公司的投资价值充分提炼出来。

第 6 章　竞争突围
为什么要投资你

第 22 讲　转动飞轮：为什么你要这样干

我看项目的时候，经常用"系统动力学"对一家公司的商业模式做进一步的分析。

什么是"系统动力学"？

系统动力学（System Dynamic）在 20 世纪 50 年代末由美国麻省理工学院斯隆管理学院的杰伊·福里斯特（Jay Forrester）教授提出，是一门分析研究信息反馈系统动态行为的系统科学，属于系统科学和管理科学的一个分支，可以应用于社会、经济、军事、商业等许多领域，是进行战略研究的一种重要工具。

所谓系统，就是由各种零部件（要素）之间的相互作用关系（连接关系）组成的整体。

具体的事物，比如机械手表，就可以看作一个独立运作的系统，里面由各种齿轮、轴心组成，利用发条提供动力，通过力的相互作用推动各个零部件运动，最终实现计时的功能。当你转动发条提供动能之后，其他零部件就会依照设定的"因果"关系运作，让手表这个"飞轮"转动起来。

抽象的事物，比如怎样提高打篮球的技术水平。我读书的时候喜欢打篮球，打得多了以后，技术也开始好了起来，进球的时候观众和队友用掌声给予我"正反馈"，我受到了鼓舞，于是更喜欢打篮球，然后打得更多，技术水平就一步一步提高了。我轻轻地推了一下"兴趣"这个要素（关键变量），然后"喜欢—经常打—技术提升—进球—掌声（正反馈）—更喜欢"这个飞轮就转动了起来，我的技术水平就不断提高了。

在商业世界中，公司是一个既具体又抽象的复杂系统，它通过特定的商业模式运作，怎样用系统动力学去分析它呢？

举个篇幅比较长的例子，你慢慢看。

共享单车你肯定不陌生，这个曾经让彩虹的颜色都不够用的交通工具，解决了"出行最后一公里"的痛点，本质上是个很好的创新产品。后来，共享单车又出现了升级版本——共享电动自行车，虽然客单价高一些（平均 3 ~ 5 元 / 次），但因为速度更快、骑行体验更好（主要是坐得舒服还不用费力），所以用的人更多。

根据统计数据，共享电动自行车的日平均周转率达到 2.2 次 / 辆，如果按成本造价 2000 元 / 辆计算，最快不用 200 天就可以回本。

多好的一门生意呀，解决了不少人"超短途出行快速到达"的问题。我在老家的小城镇就亲自测试过，开汽车需要 15 分钟的路程，骑共享电动自行车只需要 7.5 分钟，还不用找停车位。当然，这跟我老家的城区面积小、汽车少、这几年道路修得还不错，以及我熟知各种捷径有很大关系。不过必须承认，几公里以内的出行，骑共享电动自行车的确比开汽车更方便。

所以，截至 2019 年 10 月，全国共享电动自行车的投放数量超过了 100 万辆，某些机构甚至预测 2025 年将达到 800 万辆，市场规模超过 200 亿元。

然而，在投资机构以为可以通过共享电动自行车解决共享单车做不到的盈利问题时，一盆冷水迎头浇下。

2020 年开始，一二线城市相继实施清退措施，共享电动自行车企业被迫转移战场，下沉到三四线城市去抢夺市场。但是紧接着，部分三四线城市也开始陆续喊停，共享电动自行车的生存空间被进一步挤压。

问题出在哪里呢？

经过调研，我发现是在"合法性""安全性"及"城市治理"三个方面出了问题。

合法性方面，虽然被誉为电动自行车行业"新国标"的《电动自行车安全技术规范》在 2019 年 4 月正式实施后，允许标准之内的电动自行车被归为非机动车，上路并不需要驾照，解决了人的问题。但是，车的问题并没有得到解决。根据《中华人民共和国道路交通安全法》，共享电动自行车属于非机动车，要走非机动车道，也就是说，当时的共享电动自行车不能跟已经上牌的汽车或摩托车一样走机动车道。

安全性方面，共享电动自行车最大整车质量（含电池）为 55kg，最高速度为 25km/h，最大电机功率为 400W，也就是说，一个人骑足以撞伤行人，两个人骑有可能发生严重交通事故。从一位交警朋友那里我了解到，中学生骑共享电动自行车撞伤过路老人的交通事故就有多起，引起了当地群众的热议和对使用共享电动自行车的强烈抗议。

城市治理方面，共享电动自行车引起了很多社会乱象，比如不戴头盔，过斑马线不下车，车速慢且数量多影响城市交通，乱停乱放占用道路资源，影响市容市貌，等等。

下面,我用系统动力学来为你分析一下共享电动自行车这门生意的底层商业逻辑。

共享电动自行车公司沿用了共享单车的"互联网创业项目养成法",玩家通过融资获得资金,然后进行大量投放和低价补贴,目的是抢用户、挤压对手。这个行为形成了一条"增强回路"(正因果关系环形图),如图 6-1 所示。

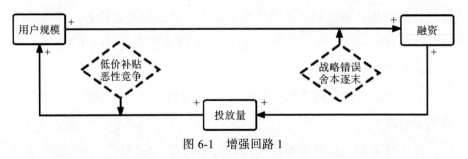

图 6-1 增强回路 1

这种打法源于"老二必须死"的互联网竞争意识,把"投放量"作为关键变量,用投放量的增加来扩大用户规模,然后用更大的用户规模去吸引更多资金(向外部机构融资或在集团内部争取资金),再用更多的资金去不断加大投放量,直到挤死对手,独占市场。

可想而知,大量投放和烧钱补贴的商业竞争行为必定会引发价格大战,把所有人都拖入"恶性竞争",令战略变得"舍本逐末"。

然而,在这场零和博弈的游戏中,市场容量(用户)是有限的,公共资源(道路)也是有限的。当收益建立在有限的公共资源上的时候,所有玩家的抢夺必定会导致所有人的收益最后都变为零,酿成"公地悲剧"。

正如前面所说,共享电动自行车的大量投放在合法性、安全性和城市治理方面存在问题,各种社会乱象引起社会关注,促使监管层出手干预,限制共享电动自行车的投放甚至是区域性禁止,第一条调节回路(负因果关系环形图)就此形成,如图 6-2 所示。

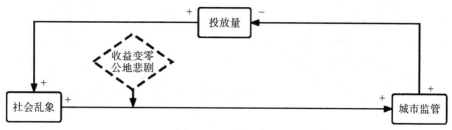

图 6-2　调节回路 1

另外，投放量不断增大和持续烧钱补贴还会使公司运营成本急剧上升，加重现金流压力，导致财务结构越来越不健康。当估值（或业务价值）被抬高到一定程度后，用户规模的增速和测算上限没办法支撑获得下一轮融资（或内部资源倾斜），水源枯竭之下再也无法维持那么高的投放量和运营成本，资金链面临断裂，就可能发生挪用押金的事情，"饮鸩止渴"，加速死亡。这是第二条调节回路，如图 6-3 所示。

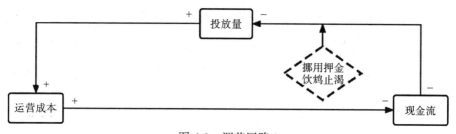

图 6-3　调节回路 2

最后，把增强回路 1、调节回路 1 和调节回路 2 合并，就可以组合出一个"系统动力模型"，如图 6-4 所示。

从图 6-4 的模型可以看出，共享电动自行车的商业模式有很大的问题，在转动"增长"这个飞轮之初，就选错了关键变量，误把"投放量"作为关键变量去推动。

按理说，投资人和创业者都是非常聪明的，这个错误也不难看出，为什么还是出现了这样的结果？

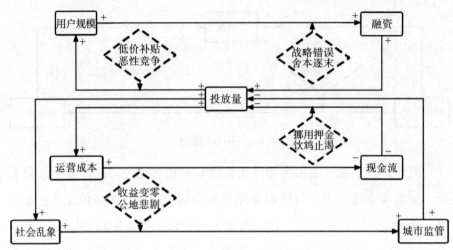

图 6-4　系统动力模型 1

也许，不一定是他们看不出来，可能是因为身处"竞争"这个局当中，赢下市场、赢下对手的意愿太强烈，导致"被动"地选择看不到，或者是自己蒙上双眼，"主动"选择忽视。

对于共享单车和共享电动自行车，我认为它们本质上都是不错的创新产品，属于城市公共交通的有效补充，商家利益与社区利益可以做到"激励相容"，而且由民营企业来运营要比国有企业的公共租赁单车更高效，能为社会创造的价值更多。

那么，怎样才可以把共享电动自行车这门生意做成呢？不妨一起来开个脑洞，试试用系统动力学重新搭建一个模型。

前面提到，共享电动自行车目前存在的三大问题是促使政府干预、导致商业模式受到限制的直接原因，所以要先解决这三大问题。

合法性问题，企业首先要在投放地获得批准或许可，把"投放"这件事合法化。然后，给共享电动自行车一个合法的"身份证"，比如在开封、北海等地已经可以给个人的和共享的电动自行车上牌，允许上路了。不管是"投放权"还是"上路权"，都不会是无限量的，所以企业要早早地了解清楚当地政策，并且与监管部门提前沟通，先竞争对手一步获得合法的"资质许可"优势，降低后期的市场进入成本。

安全性问题，企业可以从产品本身下功夫。比如，把车身结构设计成只能够容纳一人骑行的样式，用压力传感器检测重量判断是否带人了，用激光雷达加 AI 算法实现智能遇障断电功能，等等。这样做虽然会在短时间内增加产品成本，但从长期来看，既能有效解决安全性问题，又能提升"产品竞争力"，企业可在获得用户规模优势后再利用规模经济效应来降低成本。

城市治理问题，企业可以从多个层面入手。比如，用大数据计算出合理的投放量从而避免过度占用道路资源，用定位、定向技术解决乱停乱放的问题，用限时禁用等方法提高用户的违规使用成本，用广告宣传引导文明使用行为，等等。提高共享电动自行车的"运营效率"，可以大幅度减少社会乱象的发生，降低社会管理成本（比如行政监管、违章执法等），同时还能改善企业形象。

可以看到，推动"资质许可、产品力和运营效率"这三个关键变量，使用多种方法有效解决三大问题，可以使企业形成良好的政府信任，为社会创造效益，从而使共享电动自行车的投放量提升。企业获得更多用户和收入后，逐渐形成正向现金流，然后就有更多的资金投入到产品和运营上，从而获得更多政府信任，创造出更多社会效益并不断增强循环。

于是，经过重新规划的增强回路就出来了，如图 6-5 所示。

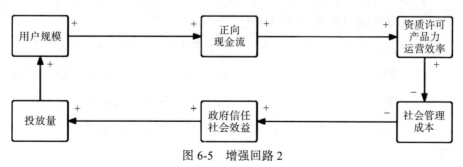

图 6-5　增强回路 2

你可能会说，从传统的竞争角度看，上面的做法会大大增加成本并且降低效率，占领市场的速度绝对比不上疯狂投放。对于这个问题，我们不妨转换一下思维方式，从"差异化"竞争的角度来分析。

当所有玩家都在比"投放量"的时候，如果你率先把投放共享电动自行车的部分资金用到解决三大问题上，就相当引入了一种"新玩法"，即牺牲"投放量"来换取其他方面的优势。当这个"新玩法"得到市场和用户认可后，你的竞争优势会被慢慢放大，而其他玩家将不得不跟风效仿。那时候，作为"领头羊"的你就拥有了重新制定"游戏规则"的权力，竞争优势进一步提高。

增强回路找到了，我们再来接着找调节回路。

前面提到，因为一座城市的公共资源（包括道路资源、城市运营能力等）是有限的，共享电动自行车投放量的加大会造成多种社会乱象，促使监管层采取措施，抑制投放量，所以第一条调节回路（见图6-2）继续有效。

当投放量受到抑制时，相当于市场的供需关系有了平衡的手段，不会出现短时间内严重的供过于求的情况，企业就能够拥有一定的定价权和合理的利润空间，使得营收保持稳定，为正向现金流提供更好的保障，形成一条"增强支路"。

把增强回路2、调节回路1和增强支路合并到一起，就构成了一个全新的"系统动力模型"，如图6-6所示。

这个模型规避了"恶性竞争""舍本逐末""公地悲剧"以及"饮鸩止渴"，通过"资质许可、产品力、运营效率"这三个关键变量获得政府信任并创造社会效益，持续积累竞争优势，做到强者恒强。理论推演下的商业逻辑是成立的，至于现实中是否也行得通，就需要用实践去证明了。

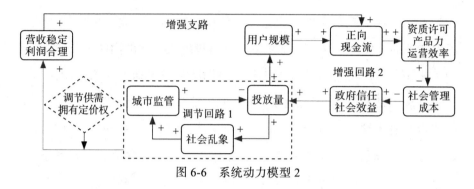

图 6-6　系统动力模型 2

虽然上面例子的分析过程有点复杂,没有学习过系统动力学的人,不一定能马上理解。但是,系统动力学确实是非常有用的战略研究工具,我强烈建议你一定要学习掌握这种分析方法,找到商业模式的关键变量和系统模型,去转动增长的"飞轮",让投资人明白,为什么你要这样干。

第23讲　提炼优势:为什么你比别人强

当投资人面对一众同类项目时,会用什么方法来做这道"选择题"呢?

除了按照各自的投资逻辑进行筛选外,还会用比较法,从多个维度对这些项目进行对比分析,找出最具潜力、风险最低、回报最高的投资标的,然后进行深入跟踪调查。如果你在这些维度具备竞争优势,就能突出重围,比竞争对手先一步融到资。

下面我列举了四种竞争优势,供你参考。

团队优势

在科技文明全面爆发的今天,靠一个人闯出一片天地的英雄时代早已过去,现在创业需要团队作战,汇聚集体的能力和智慧才能够把公司这辆"战车"驱动起来。

团队成员的学历高度、职业深度、人生成就和行业关联度以及团队的配置完整性等就是投资人会重点关注的关键指标。要突出你的团队比隔壁老王的更加人强马壮，其实就是告诉投资人，你的团队更能成事。

比如，科技项目的投资人非常看重团队的技术研发能力，团队里面如果有全国甚至全球最顶尖的技术专家更能让投资人信服；在比拼供应链能力和成本结构的行业中，团队里面有没有有相应资深经验和资源积累的成员就显得特别关键；在讲究销售渠道和品牌营销的消费赛道中，有这两个领域里的资深人员无疑会事半功倍；在如医药、游戏等需要大量资金投入并且短期内没有收入和产出的行业中，如果团队成员具备融资经验和能力就可以使团队走得更快、更远。

突出团队优势并不是单纯地强调高学历或者大公司背景，更关键的是要具备占据你所在行业和市场的竞争"制高点"的能力。

技术优势

严格来说，技术优势属于团队优势中的一个分支，这里之所以单独列出来，是因为在未来比较长的一段时间里，科技创新的受重视程度会不断提高，成为风投最重要的投资主线，并且商业模式创新与科技创新结合也更能获得投资人的青睐。

在对比评估技术力量的时候，投资人除了看团队有哪些关键技术人员之外，更直观的是看当下的结果，比如专利申请。如果某项技术你率先研发出来，通过专利申请进行知识产权保护，就相当于提前封堵了竞争对手的路，他要追上你或者超过你，只能走另外的技术路径，付出更多的成本和时间，面临更高的不确定性。

比如，在新型显示赛道，目前三星的OLED面板技术以及加工生产工艺领先全球，并且三星凭借其全产业链模式，在智能手机屏幕面板市场占据了60%以上的市场份额，一家独大。

除此之外，有些技术力量强大的公司还可以直接通过专利授权的方式获取大量利润。比如，美国高通公司从 2011 年开始连续 5 年成为苹果手机基带芯片的唯一供应商，并且现在全球大部分智能手机都使用高通的专利技术，包括处理器芯片和移动通信技术等，手机品牌商每销售一台手机都要向高通支付专利授权费。

如果你所处的行业是技术驱动的，技术优势就是最为关键的竞争要素；如果技术只是其中一个驱动因素，你和竞争对手之间不存在明显的技术代差，不能通过提升技术水平形成比如在专利壁垒、成本结构、用户体验等方面的明显区别的话，那单独强调技术优势的意义就没那么大，还需要结合其他方面的优势去突显综合竞争力。

成本优势

成本的类型多种多样，比如产品生产、场地租金、人员工资和营销差旅等，这些都是企业在获得收入之前需要先行承担的资金压力。

怎样降低成本是公司躲不开的永恒话题。以制造业为例，可以通过加大采购量的方式降低原材料成本，也可以通过技术迭代的手段降低加工成本，还可以通过工艺升级的方法提高产品良率。

突出成本优势，就是告诉投资人你的成本结构比竞争对手更好。继续拿制造业举例，如果你能把原材料成本、加工成本都降低 10%，产品良率提高 10%，综合生产成本比行业平均水平低 30%，就已经是非常大的成本优势。

如果很难在生产成本上优化，你也可以从交易成本入手来改进。

什么是交易成本？

交易成本最早由诺贝尔经济学奖获得者科斯提出，是指为达成一笔交易所需要花费的全部时间和货币成本，是为了克服交易阻力而付出的代价。

根据"买家"的决策流程，交易成本可以分为"购前""购中"和"购后"三大类。"购前"成本包括搜寻成本、比较成本和测试成本三项交易成本，"购中"成本包括协商成本和付款成本两项交易成本，"购后"成本包括运输成本和售后成本两项交易成本。

每一笔真实的交易中至少都会有一种交易成本出现，更多时候是多种交易成本同时出现。所以，你可以根据自身的业务特征去找出比竞争对手更加优化的环节，然后重点突出这个环节。

比如，某消费者要买一本书，他去家附近的书店买但发现没有，去5公里外的另一家书店还是没找到，最后开车到10公里远的一家书店才买到，前后一共花了2个小时的时间。这2个小时就是消费者的"搜寻成本"。对这个消费者来说，如果1个小时的价值是100元，那这本书的购买成本其实就是200元加上书的零售价格，这就不是一次很好的消费体验。

怎么办呢？

对"花200元的搜寻成本克服交易阻力"这个环节进行优化，把商品放到网上，消费者只要花几分钟搜一下，就可以下单购买，享受包邮到家。

于是，1999年当当网应运而生。

从这个例子可以看出，你不单可以在公司自身需要承担的资金成本上去进行优化，还可以通过优化客户需要支付的交易成本去构建成本优势。

能够带来结构性变化的成本优势特别受投资人青睐。

客户结构优势

与企业的产品定位所能覆盖的目标客户不同，客户结构指的是已经向企业付费，正在使用产品或服务的客户的构成。简单来说就是，前者是企业要找的客户，后者是企业已经找到的客户。

在投资人眼中，同类项目如果在客户结构上存在差别，竞争势能也会不同。

比如，经过严格的考察，A公司终于成为下游大客户的一级供应商（tier 1），订单量比B公司多出好多倍，这种由客户质量的变化带来的直接势能（订单）和间接势能（大厂背书）会让A公司脱颖而出，快速成为竞争梯队里的头部玩家。

又比如，营收规模差不多的两家公司，A公司有90%的订单来自一两个大客户，B公司有40%的订单来自一两个大客户，其余60%从几十个中小客户那里获得。两者相比，A公司存在大客户依赖的风险，B公司的客户结构则更加稳健，B公司比A公司拥有更大的客户结构优势。

再比如，同样是提供职业生涯规划咨询服务的两家公司，A公司的目标客户群体是中学生和大学生，用户和付费客户不是同一个人，家长为了孩子的前途发展会有强烈的付费意愿，愿意支付更高的费用，但孩子却不一定已经意识到自己需要做好职业生涯规划；B公司的目标客户是身处职场的打工人，用户和付费客户是同一个人，他们对自身的需求更加明确，意愿也足够，但却更加精明，销售难度相对更高。两家公司的客户结构不同，经营成果也会截然不同。

竞争优势有很多维度，你可以从上面介绍的团队优势、技术优势、成本优势、客户结构优势去思考和提炼，也可以从更多其他维度中去寻找，比如先发优势、资源优势、产品优势、产能优势、渠道优势、品牌优势等。

不管是哪一种优势，都应该与行业和市场所要求的关键竞争要素相匹配，这样才可以使你从激烈的竞争中突出重围，成为投资人的唯一选择。

第 24 讲 增长依据：为什么你可以做大

提炼竞争优势，是从竞争要素的维度告诉投资人，你比隔壁老王更具发展潜力，但仅仅是这样就够了吗？

每个投资人心里都有一个风险边界或安全阈值，要证明自己在这个边界或阈值之内，让投资人放心，仅靠竞争优势还不够，还需要你告诉投资人未来增长的客观依据在哪里，你凭什么可以把公司做大。

市场红利

在第 3 讲中我曾提到，红利就是科技、政策、用户发生变化，形成短暂供需失衡，给商业机构带来的机遇。红利有很强的时间属性，企业如果能够迅速弥补这个失衡，就能率先占领市场，获得优势。

举个例子。现在要做好一个微信公众号已经非常困难了，但是在 2013～2014 年的时候，使公众号获得大量关注是一件相对容易的事情，这是因为那段时间微信用户数量增长迅速，而做公众号的人还不多，需求的增长远大于供给的增长，形成了短暂的红利窗口期。能抓住这个窗口期的公众号，都享受到了这个时期的红利，比如罗辑思维、吴晓波频道等。

红利逻辑放在买方市场（投资机构）也同样成立。过去十几年，半导体项目因为投资体量大、回报周期长、退出通道狭窄等原因，一直都是一个冷门的投资赛道。但是进入 2020 年，半导体项目开始得到大量 VC 和 PE 的关注，到了 2021 年，科技类项目投资人之间进行交流时都不好意思说自己不看半导体，大小机构的热情追捧把半导体项目的整体估值一路推高，有些投资人为了抢项目甚至连尽调都不做就直接打钱了。

事实上，半导体项目的投资红利期是在 2018～2019 年。那两年发生了两件大事，一是科创板的设立和开板，二是美国开始对以华为为代表的中国科技企业实施禁运。在这两件事中，前者解决了半导体项目投资退出通道问题，后者开启了新一轮"国产替代"高潮，集成电路供应链安全得到前所未有的重视，半导体项目开始备受关注。

抓住这段红利期的投资人，得以在项目多、机构少的时候以合适的估值投进去，然后通过在科创板上市退出获得高倍数回报，而后知后觉的投资人为了募资而硬着头皮去"占坑"，只能以高估值进入，宁愿投得贵一点也不愿错过机会，即使赚不到什么钱也要赚一个成功的投资案例。

抓住市场短暂供需失衡的红利期，是公司得以快速壮大的重要方式之一。

客户增长

对于一家公司的业绩来说，客户结构的完善和客户群体的扩大所带来的订单量的增加是最为直接的增长依据。

举个例子，我在帮一个项目提炼客户增长依据的时候是这样写的：

（1）公司获得行业最高等级的质量管理体系认证，并且通过了几个大客户长时间的高标准考察，成为一级供应商，增量订单将迎来大幅度增长。

（2）成为行业大客户一级供应商后，在大厂背书的作用下，中小客户规模进一步扩大（用合同订单统计数据加以佐证），新增订单数量提升，预计将带动全年业绩增长30%以上。

（3）公司产品研发能力出众，多家客户已提出某种产品的定制化要求。市场调研和客户访谈结果显示，该种产品的市场需求较为广泛，研发完成后可以对公司现有客户群进行交叉推广和销售，并会在潜在客户处得到推广和应用，预计该种产品对销售额的贡献将超过3000万元/年。

通过提供客观的数据、事实例证和客户意见反馈，找出订单增长的依据，就能够有力地说服投资人。

产品结构

你喝过元气森林吗？

据媒体报道，这家定义了无糖气泡水新品类的独角兽公司在2021年年底完成了最新一轮近2亿美元的融资，估值150亿美元，由淡马锡领投，红杉中国、华平资本等多位老股东跟投。

我们来看一下元气森林的产品结构。主打产品方面，元气森林利用无糖气泡水切入市场，符合现代人追求健康管理的消费观念，在获得市场认可后，陆续推出包括草莓、红香酥梨、百香果、白桃等味道在内的十几种不同味道。以前不喝无糖气泡水的消费者，可能因为新推出的产品味道好，就成了元气森林的忠实客户。这是在同一产品品类下的创新，通过不断扩大客户覆盖面，为业绩增长提供源源不断的动力支撑。

其他产品方面，元气森林还持续开发了乳茶、微气泡果汁、燃茶、纤茶、绿茶、乳酸菌、豆乳、椰汁等系列产品。这是在多个产品品类下做创新，覆盖更多的消费场景，进一步扩大目标客户群体，为业绩增长开拓全新的支撑板块。

在同品类下做创新是保持已有的增长曲线，开发新系列品类是创造新的增长曲线。不管你提供的是实体产品还是无形服务，都可以从产品结构上去寻找业绩的增长支撑。

产能规模

你可能会疑惑，产能规模属于供给能力，提高供给能力会给销售带来提升吗？不是应该客户多了之后再来提高供给能力吗？没订单要那么大的产能干什么？

如果从市场需求的角度出发，比如"To C"的零售业，确实应该根据下游需求和销售预测来规划产能和储备供货量。但是，有些行业的供需逻辑正好相反，你需要先具备一定规模且稳定的供货能力，才可以获得订单，比如制造业中的零部件。

以手机为例，现在的智能手机里面有成百上千种零部件，包括各种芯片、基板、摄像头、显示屏、传感器、电池电容等。对于头部手机品牌商来说，每一种型号的手机出货量都比较大，在进入市场之前，需要先采购好所有的零部件，然后委托代工厂批量生产，再等成品测试通过后才能上市销售。

品牌商会怎样挑选零部件供应商呢？

除了性能、功能、可靠性等标准指标外，还要看供应商是否具备稳定的供货能力，避免在供应链环节出现纰漏，耽误商机，甚至浪费开发成本。

比如，华为在挑选一级供应商的时候，产能规模就是重点考察的硬性指标之一。一些技术能力突出但是产能太小，供货能力不足、不稳定的小公司几乎没有机会进入一级供应商名单，只能作为二级供应商（tier 2）把产品卖给华为的一级供应商，间接供货。相比之下，一级供应商可以获得量大且稳定的订单，而二级供应商不只订单量小，而且存在随时被替换的风险。

如果你所在的行业对产能也有这样的要求，那提高产能规模，建立强大的供货能力也可以为你的业绩带来很好的增长支撑。

事实上，不少早期科技公司的融资就是为了建立或者扩大产能而进行的，只要能向投资人证明下游需求的真实性以及公司的市场销售能力，就可以大大提高融资成功率。

能够为公司提供增长的动力源还有很多，比如市场规模的持续增长，目标客户群体的增大带来的市场需求增多，竞争对手离开赛场让渡出来的市场份额等，你能抓住的机会越多，增长潜力就越大，增长依据也越充分。

第 25 讲　建立壁垒：为什么你可以做强

对于"护城河"一词，你应该不陌生。护城河是产业经济学中一个非常重要的课题，放到企业经营发展和风险投资领域，就是创业者经常会被投资人问的一个问题："你怎样建立起公司的壁垒？"

所谓壁垒，就是"你有，其他人没有或很难拥有的"东西，它的意义在于商业上的竞争攻防。壁垒可以分为进入壁垒和竞争壁垒。

具体有哪些呢？

硅谷著名天使投资人彼得·蒂尔提出垄断企业应该具备四大特征：拥有专利技术、规模经济、网络效应和品牌优势，而巴菲特的"护城河"理论则提出垄断企业应拥有：无形资产、成本优势、网络效应和转移成本。其中，专利技术和品牌优势属于无形资产，规模经济与成本优势说的是同一回事（产品竞争力），所以两种说法合起来总共有 5 种壁垒：专利技术、规模经济、网络效应、品牌优势和转移成本。

此外，结合当下的科技发展与商业业态，我再增加"数据优势、内容优势、用户价值" 3 种，加起来一共是 8 种壁垒。在这 8 种壁垒里面，专利技术属于进入壁垒，其他则可以归类到竞争壁垒中去，下面我为你一一介绍。

专利技术

投资人在看科技创新类项目时，首要考察的要素就是专利技术。

你研发的技术是不是解决了行业或者客户的痛点，可以大幅度提高效率、降低成本，甚至做到以前做不到的事？

这项技术是不是具备可以产业化的条件，需不需要产业链上下游的配合，配合到什么程度，要投入多少资金，花费多长时间？

这项技术是不是只有你能研发出来？竞争对手想追上来是否需要投入巨大的资金，还要花半年甚至几年的时间？你是否有足够的时间去占领市场？

技术是不是已经申请了专利？专利现在处于哪个阶段，是受理、初步审查、公布、实质审查，还是授权阶段？

如果是配方类技术，比如新型材料，通过什么样的处理手段进行保密，能够防止泄露和仿制？

以上种种，都是投资人在考察科技类项目的时候会关注的问题。

如果你所在的创业领域属于技术驱动型，比如高端制造、新型显示、人工智能、新材料、医药研发等行业，那么不管你要不要找投资人融资，专利技术都是你必须花最大力气去建立的护城河。

举个例子。在 2018 年以前，集成电路领域中的光刻机，是一个市场规模小到只有 100 多亿美元（相比集成电路芯片市场的 4000 多亿美元而言）的细分市场，但技术壁垒却奇高，涉及光学、物理、化学、微电子、机械、计算机算法等多门学科。如果后来者想要进入这个领域分一杯羹，需要投入庞大的研发资金和很长的时间，还要面临从技术到产品、从产品到销售、从销售到品牌的重重挑战，投入产出比在如此小的市场规模下显得非常不划算。也就是说，像阿斯麦这样的巨头公司在光刻机这个领域利用技术构建起了很高的进入壁垒，让后来者即使有钱都很难进入。

不过有意思的是，自 2018 年美国对我国进行技术封锁开始，国内市场被打开，我国集成电路产业链终于有机会摆脱光刻机的"卡脖子"问题，只要投入研发，做出产品就会有下游客户来买（因为没有替代品），而且也不用担心对手降价来挤压你（因为美国政府不让卖），那投入巨大资金和时间成本进行光刻机的研发就变得划算了。

还记得第 3 讲里提过的那个配套光刻机使用的 OPC 软件案例吗？在国产替代的背景下依靠领先的技术优势，它迎来了很好的市场机会。

规模经济

如果你是开餐厅的，有什么办法能形成规模经济的竞争壁垒呢？

你知道，一家餐厅不管怎样扩大面积，它在单位时间内所能容纳的顾客数始终是有限的，线下单店几乎不可能做到。要形成规模经济，就要想办法把一些固定的成本进行分摊，比如把餐厅开成连锁店，用中央厨房和冷链配送提高效率，用统一装修降低设计成本，用大数据控制采购精度减少食材浪费，或者用很高的品牌力去获得很低的店面租金（大型商场会用很低的租金吸引著名餐饮品牌进驻），把综合边际成本不断降低，从而提高坪效。

通过上面的例子，你应该比较容易理解规模经济的定义了，即在一定的产量范围内，随着生产规模的提升和产量的增加，平均成本不断下降，从而提高经济效益。

那么，实现规模经济的逻辑路径是怎样的呢？

首先，在一家企业达到它的最小理论边际成本之前，随着产量的增加，其生产效率会得到提升（比如不断打磨工艺水平从而提高产品良率）。

其次，因产量增加而加大的采购量，令企业对上游供应链的议价能力得到了提升，从而可以降低总体生产成本，提升产品竞争力（比如在保持利润不变的情况下做到产品售价比竞争对手更低），获得更大的产品销量。

最后，产品销量上升使得企业在面对外部合作伙伴（如销售渠道）和下游客户时可以拥有更强的定价能力，使企业效益进一步提升，资金实力增强，有能力投入更多资金进行研发，持续提升产品竞争力，形成正向循环。

举个例子。平衡车刚面市的时候价格非常昂贵，美国赛格威平衡车可以卖到数千美元。当时作为初创企业的九号公司通过轻量级材料替换、优化供应链等手段，控制生产成本，不断优化成本和运营结构，在第二代产品推出的时候给出了1999元人民币的低售价，瞬间点爆市场，大量需求被激发出来。

九号公司的平衡车频频出现在小区、公园、广场等地点，成为大众青睐的短途代步工具，九号公司也因此迅速占领市场份额，实现了规模效应，成为平衡车领域的龙头企业，并且在投资机构的资金支持下，2015年收购了赛格威。

如果你所在的行业具备建立规模经济的条件，那在跟投资人交流的过程中，这就是一个绕不开的问题。哪怕在短期你比竞争对手更具优势，但如果没办法在长期建立起规模经济的壁垒，也很难让投资人出手投你。

网络效应

前面介绍了规模经济，下面我带你看看规模经济在互联网时代的进阶应用版本：网络效应。

很多互联网行业的创业者所做的产品都具有一个明显的特征，就是需要与越多越好的外部利益相关者（比如用户）产生关联，然后在关联中进行协同，从而形成网络效应。

如果产品只有少数用户使用，用户只能与数量有限的人进行交互，个体之间连接点的价值得不到放大，变现困难，那产品开发方不只收不回开发成本，后续还要承担高昂的运营成本，非常不利于规模经济的建立。

举个例子，如果你想通过交友婚恋类 App 找对象，会选择异性多还是异性少的 App 呢？

你自然会选择异性多的应用。从概率的角度来看，逻辑路径是：App 上的异性越多，可供选择的基数就越大，找到合适对象的成功率就越高，需要付费购买的会员的价值就越高，愿意购买的人就越多，随着平台的用户数量持续增加，会员的价值也持续提升，直到突破临界点，成为头部现象级应用。

所以，你应该可以理解为什么那么多互联网产品会拼命打广告去提高产品和品牌知名度，用各种营销手段吸引用户使用其产品，用资金这把"火"去烧"产品"这锅水，直到沸腾，实现"沸水效应"所带来的效果——占领用户心智。

下面我带你看一下能够产生规模经济的三种典型网络效应。

第一种是指数增长型网络效应，增长轨迹是一条向上弯的曲线，随着用户规模的扩大，增速越来越快，如图 6-7 所示。

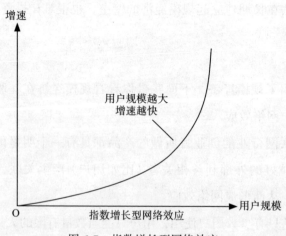

图 6-7　指数增长型网络效应

这种网络也叫作"个人效用网络",最为典型的就是社交媒体,例如微信和WhatsApp。平台上每增加一个新用户,都能为其他用户带来正向收益,用的人越多,用户的体验越好。

这种模式有一个非常明显的终局特征——"赢者通吃"。当用户数量突破某个临界点之后,第一名和第二名将会在很短的时间内拉开差距,而且差距越拉越大,直到市场上只剩下一个玩家,其他人再也没有正面竞争的机会,只能走小众的差异化路线,错位竞争。比如躲开熟人社交赛道,从陌生人社交场景切入的陌陌和从职场社交场景切入的脉脉,就不对微信构成竞争,用这些社交App的人同样会用微信,彼此的用户可以共存。

第二种是线性增长型网络效应,增长轨迹是一条斜着向上的直线,增速基本稳定,如图6-8所示。

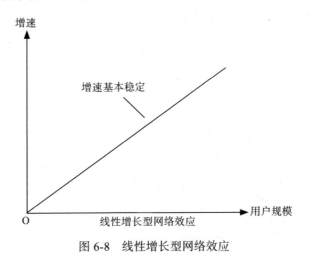

图6-8 线性增长型网络效应

这种网络又可以分为两种,一种是"双边网络",另一种是"平台网络"。

双边网络最具代表性的是电商模式,例如淘宝、京东、拼多多。卖家越多,买家的体验越好;买家越多,卖家的体验也越好。但是,因为卖家和卖家之间存在竞争关系,买家和买家之间却没什么交集,所以双边网络相比个人效用网络,效果打了折扣,做不到赢家通吃,其他竞争对手依然有机会,最后大概率会形成"多寡头集中"的竞争终局。

那你现在明白,为什么微信始终只有一个,电商平台却有三家,而且现在连抖音和快手都开始下场抢电商的蛋糕了吗?

平台网络的典型代表是游戏平台,例如 Steam 和 Xbox。与双边网络一样,游戏平台上的游戏开发公司之间是竞争关系,玩这个游戏的人越多,玩其他游戏的人就越少,大家争夺的其实是用户的时间。不同的是,游戏平台上玩家之间却存在着个人效用网络效应,尤其是对于对战类和协作类游戏来说,玩家越多,体验越好。

第三种是对数增长型网络效应,增长轨迹是一条逐渐向下弯的曲线,随着用户规模的扩大,增速越来越慢,如图 6-9 所示。

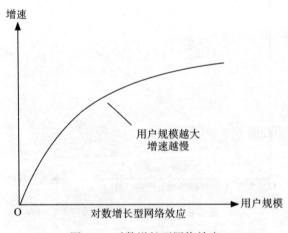

图 6-9 对数增长型网络效应

为什么会出现这种情况?

来看一个例子,就是你可能经常用到的网约车 App。网约车也是一种"双边网络",在这种网络里,司机之间存在竞争关系,司机越多,争取用户的竞争越激烈;用户之间也存在竞争关系,同一时间段打车的人多了,你就可能打不到车,又或者要加价打车。这种不管是对于司机还是用户而言,每增加一个,都会增加同类间的竞争、影响产品使用体验的关系,叫作"同边负向竞争",用前面介绍过的系统动力学来解释,就是形成了一个调节回路,限制着企业规模的增长,如图6-10所示。

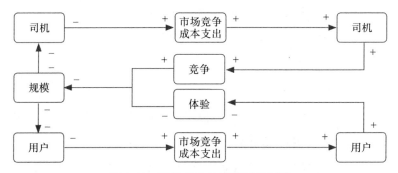

图6-10　网约车业务规模调节回路

具有这种网络效应的商业模式,可以跑出占有绝对优势的龙头企业,但却没办法形成绝对垄断。

为什么？

因为用户的转移成本太低。比如,你用滴答出行打不到车的时候,会怎么做？是不是会跟我一样,马上打开曹操出行、首汽约车等其他App,从其他平台叫车？

这就可以解释,为什么国内的网约车市场会不断有新玩家涌入,截止到2021年12月31日,取得经营许可的网约车平台达到了258家,月订单量超过30万单的有17家。这17家中,估计大部分你都叫不出名字来,除非你的手机里面有17个打车App。

以上就是对网络效应的概要剖析。如果你的商业模式也具备网络效应，不妨对照着看看公司的业务属于哪一种增长形态。

事实上，有经验的互联网赛道投资人在评估一家公司以及产品的时候，会用其他公司做参照，根据网络效应的商业逻辑路径去推演竞争的中局和终局，以此判断你公司未来的潜力。

品牌优势

一位做智能门锁的创业者找我做融资咨询，我问他："市面上做智能门锁的公司多如过江之鲫，功能、性能和外观都大同小异，你的优势在哪里？"

他说："我的产品很早就在淘宝和京东上卖了，而且还专门注册了一个商标，很多人都知道我们，品牌知名度很高。"

我又问："有某某和某某品牌的知名度高吗？"

他说："那倒没有，不过我们可以投广告，在住宅梯媒放洗脑神曲，同时加大营销的力度，用打折、团购、一元试用的方式促销，让更多人买。"

我再问："先撇开产品力和用户体验不说，这样做的话营销费用会非常高，现金流要面临很大的压力，你已经做好预算了吗？"

他说："这不是找你帮我融资来了吗？只要融到资我绝对有信心可以把销量做上去。"

我摇了摇头，然后，就没有"然后"了。在我看来，这位创业者不单对融资和投资有逻辑倒置的问题，还对品牌有认知偏差。

什么是品牌？

品牌既是一种识别标志、精神象征和价值理念，也是消费者对你的了解、信任和偏好，不被消费者优先选择的不叫品牌，只是商标。

注册商标，是为了避免在出名之后被抢注或假冒。比如，喜茶的前身皇茶就吃过商标被抢注，维权无果，无奈改名的苦果。又比如茶颜观色以商标侵权为由起诉茶颜悦色但败诉，茶颜悦色反告茶颜观色不正当竞争却胜诉的诉讼案。

投放广告，是为了让消费者知道（或持续知道）你的存在，比如每年可口可乐和百事可乐的广告费用支出合计高达80亿美元，买下3个新浪还有剩余。连可乐这样的"全人类产品"都要持续投放广告，保持消费者对品牌的持续关注，那存在"沸水效应"的互联网品牌就更需要广告了。

当你有了足够的品牌认知度后，就可以利用"品牌认知"来抵御竞争对手的价格战。比如，瓜子二手车利用密集的广告攻势把品牌的"无提示第一提及"（对于某种商品，不用提示，消费者能立刻想起的品牌）指标做到了10个人去买二手车，9.5个人知道它，5个人会首先想到它。也就是说，瓜子二手车的"无提示第一提及"率达到了50%，这在任何一个市场都是当之无愧的龙头老大。

不过，虽然用重金砸广告可以砸出品牌认知度，但不代表这个品牌认知度就一定能够成为你的竞争壁垒，我拿二手车和网约车这两个不同领域的市场做个对比你就知道为什么了。

二手车市场的卖家是一次性的超低频卖家，交易平台上的卖家每个月都不一样，而且非常分散，你不知道他会从哪里冒出来，根本无法锁定。这个时候，品牌认知度就显得非常重要了，当一名卖家想要出售二手车时，第一时间想到的是瓜子这个交易平台，他自然也就大概率会把车放到瓜子上面去卖，这就相当于瓜子用品牌认知度稳住了供应端。当卖家越来越多时，买家自然也会越来越多，双边网络的网络效应发挥作用，瓜子二手车平台就得到了线性增长。如果竞争对手也要构建起这样的网络效应，就需要用广告和烧钱补贴等方式，花大力气去抢夺供应端的卖家资源，但实际上价格战很难打赢。

再来看网约车市场，司机是长期提供服务的，跑累了休息两天可接着跑，面对这样的供应端，打车平台可以挨个去谈，即使已经是其他平台上面的司机也没关系，不存在忠诚度的问题，转移成本不高，烧钱补贴就能抢过来，价格战可以打。

看出来了吗？不同的行业，品牌优势会发挥不同的作用，正如我在本书"使用说明书"里说的，每种理论都有前提，你需要做辩证分析，找到应用的前提条件，方可运用到实际操作当中。

上面说的用重金砸广告、烧钱补贴，对于还没融到资的初创企业根本不可能做到，那还有其他办法可以发挥出品牌优势吗？

有。你可以从公司的产品、渠道、营销这"三驾马车"上下功夫。

从产品上下功夫，就是提高产品竞争力，通过良好的消费体验建立用户口碑，让用户不只自己复购，还推荐他人购买。你也可以做和别人不一样的产品，去定义一个新的产品品类。比如，虽然饮料有无数种，但一说上火你就会想到王老吉，说起无糖气泡水你就会想到元气森林。另外，你还可以把产品的品质做到极致，走"物有所值"路线。比如，无印良品去掉了产品的商标，以及一切不必要的加工和颜色，包装设计简洁清爽，强调"品质"价值。

从渠道上下功夫，就是搭建多元的销售渠道，通过线上线下、公域私域（流量池）触达消费者。比如刚才提到的王老吉，就可以做到一天之内把产品送到全国各地的餐饮饭店，铺货能力堪称惊人。

从营销上下功夫，就是"立人设"，通过感性、有温度、能让人产生清晰共鸣的品牌故事去打动消费者，建立起品牌的定位，构建和深化企业与客户之间的关系。比如，花西子"东方彩妆，以花养妆"的品牌理念，海澜之家"男人的衣柜"的品牌定位等。

技术同质化，拼产品；产品同质化，拼供应链；供应链同质化，拼渠道；渠道同质化，拼营销；营销同质化，拼销售；如果销售也同质化了，那最后就是拼品牌。

所有的商业竞争，到最后都是品牌的竞争。

转移成本

对于个人资料的保存和传送调取，我使用的是百度网盘，一款我一边吐槽着各种毛病，但却还一直买着超级会员的产品。

你可能会问："既然觉得它有这么多毛病，换一款网盘产品不行吗？"坦白说，非不愿，实不能也。

在百度网盘上面，我保存着将近 2TB⊖的资料，包括图片、视频、文档等各种各样格式的文件，如果换到另一个网盘的话，这个"搬家"的工作量实在太大，转移成本实在太高，我心里一万个不愿意。

对于互联网产品来说，用户更换产品有一个动力公式，如式（6-1）所示：

用户更换产品的动力 =（新产品价值 − 原产品价值）− 转移成本（6-1）

如果"诱惑"（新产品价值 − 原产品价值）不够大，不能抵消"背叛"所带来的代价（转移成本），那用户就会选择留下。

所以，不是我对百度网盘太"忠诚"，而是"背叛"的成本太高。

要利用用户对产品的转移成本来构建壁垒，可以从程序性转移成本、财务性转移成本、关系性转移成本这三方面着手。

程序性转移成本，是指用户更换品牌和产品要付出的"时间和精力"以及所带来的风险。

比如，你已经用习惯了苹果手机，现在要换一台安卓手机，你会感

⊖ 1TB=1024GB。

到非常不适应，需要重新学习一遍安卓系统的操作方式，还要把通讯录、各种账号、邮箱等个人数字资产全都搬迁过来，花费的时间和精力太多，多到你都懒得换了。

又比如，你已经有了一个稳定的上游原材料供应商，每次采购都是从他那里进货，他也熟知你公司的采购流程，按时、按质、按量、完成供货，你俩合作默契。突然，有一个新的供应商来找你，给出更低的采购价格，一开始你挺心动，但又顾虑以前没有跟他合作过，需要重新去考察、洽谈、小批量合作，把所有过程都走一遍才能建立起信任，仔细想想还是算了，保持原样比较好，以免对业务造成什么不可预知的风险。

财务性转移成本，是指用户更换品牌和产品要付出的"财务价值"。

比如，你坐飞机、住酒店所积攒起来的积分，在苹果应用商店花钱购买的App，只能使用配套耗材的生产设备等，这些都是在转换产品供应商（或服务提供商）的过程中要损失的财务性成本。就像如果你已经买了腾讯视频的会员，会因为看到爱奇艺的广告之后就又买一个会员吗？你大概率不会，起码在腾讯视频的会员到期之前不会。

关系性转移成本，是指用户更换品牌和产品要付出的"情感背叛"和"信任成本"。

比如，你参加头马演讲俱乐部，认识了很多朋友，每周一起参加活动，定期聚会，如果换一个俱乐部，你就会有一种"情感背叛"的感觉。

厉害的创业者，在"用户留存"上非常善于利用转移成本去挖一条深深的"护城河"，把用户"保护"起来，不让其他产品抢走。

数据优势

如果现在给你几百亿元，你能从零开始再造一个淘宝出来吗？

很难，因为你难以对抗淘宝的数据优势。

淘宝在十几年的经营过程中留存了大量 B 端、C 端以及业务运营诀窍（Know-How）的数据，如果没有这些数据，即使有花不完的启动资金都很难再复制一个淘宝出来。

如果你做的是一家互联网公司，一定要像行业里的龙头一样，重视数据的积累、分析和运用，通过算法模型不断调整权重，描摹出用户的全方位画像，然后提供更精准的服务。

比如，抖音会根据用户的浏览行为推荐更符合其口味的个性化内容，让用户一刷就是两个小时，极大地增加了用户黏性。随着用户使用产品的时长增加，又会产生更多的数据回流形成，算法模型通过深度学习得到进一步完善，对用户的了解也更加深入。

又比如，三一重工开始数字化转型后，在挖掘机上安装了各种各样的传感器，接入物联网，获取挖掘机的地理位置、工作状态、工作档位等数据信息，再利用数字化系统进行实时分析，可以做到通过 3D 模型查看挖掘机核心部件的健康状况，对挖掘机进行健康管理，降低维修成本并避免影响生产；或者实时监控区域范围内挖掘机的产能和使用效率并进行市场分析，给总体工时数突然上涨的地方及时提供针对性的销售和服务，满足市场需求；又或者通过分析在不同省份使用的挖掘机的工作档位数据记录，洞察出产品的使用场景和客户的个性化需求，对挖掘机进行参数调校，以便匹配作业任务的具体要求。三一重工通过对其 50 万台挖掘机一年一共产生的 1429 亿条数据的深度利用，催生出了一个"挖掘机"经济学，同时也给自己挖了一条深深的"护城河"。

利用数据的积累和分析辅助决策，持续理解用户需求的变化，然后主动对市场变迁做出响应，比竞争对手走得更快，踏得更准，就是数据优势。

内容优势

先来看一个案例。

随着互联网基础设施的逐渐完善，迪士尼在面对奈飞这样的流媒体平台的竞争压力时，一开始并没有着急也去建立自己的流媒体业务线，而是对自家的内容IP（知识产权）加大投入，除了以"94岁高龄"的米老鼠为代表的原创动漫人物和故事外，还先后收购了"玩具总动员""飞屋环游记""漫威"（旗下超过5000个角色的所有权）、"星球大战""阿凡达""X战警系列"等全球著名IP，然后通过小说、漫画、影视、游戏等形式不断输出内容。直到2019年11月迪士尼才上线流媒体服务平台Disney+，与奈飞打对台。

根据迪士尼2022年第一季度的财报数据，其归母净利润11.52亿美元，同比增长3872.41%，Disney+的付费用户3个月涨了790万，总计1.38亿用户，如果加上另外两个流媒体平台葫芦网（Hulu）和ESPN+，总付费人数超过2亿。相反，奈飞在2022年第一季度流失20万付费用户，是近十年来的首次负增长，目前总付费人数约2.2亿。

你可能会奇怪，奈飞也是专业生产内容的，但是为什么面对迪士尼的内容攻势却有点招架不住呢？

这是因为奈飞的内容走"爆款逻辑"，像《绝命毒师》《权力的游戏》《纸牌屋》《鱿鱼游戏》等剧集，出一部爆火一部，但相互之间没有关联，如果后续没有新爆款剧出现，用户很可能就不再订阅了。而迪士尼的内容走"IP逻辑"，漫威英雄和星球大战的粉丝愿意持续订阅。

国内自媒体平台和知识付费平台的内容逻辑也是同样的道理。前者利用自媒体创业者的优质内容构建自家生态，比如小红书主打生活方式和经验类内容，抖音是泛娱乐类内容聚集地，而B站（哔哩哔哩）则是年轻人看动漫和学习各类技能的地方；后者通过打造各个专业领域的知识课程和训练营吸引爱学习的人付费购买，比如得到 App 的课程就覆盖了人文、科学和商学等。

流（自）媒体时代，内容为王。

用户价值

光看标题你可能会疑惑，靠用户价值也能打造企业的竞争壁垒？是可以的，只要你能够把用户变成你品牌价值的一部分。

来看个例子。造车新势力"蔚小理"⊖中的蔚来在 2020 年上半年的时候流动资金一度非常紧张，最后依靠一批作为"野生代言人"的老车主推荐新车主购买才把销量做上去，熬过那段艰难的时期，等来投资到账。

为什么用户对蔚来的忠诚度这么高呢？因为蔚来利用互联网运营的方法，把用户运营做到了竞争对手想不到的细致程度。

在线上，蔚来的 App 不像其他新能源车企的 App 那样只是个用来发布说明书、提供在线客服、查看车辆状态和远程控制车辆的工具，还是一个社区。蔚来的车主可以在 App 上面以"邀请试驾、提新车、提二手车""成为车主志愿者"等方式获得积分或卡券奖励，用以赢取各类福利和价格优惠券，还可以在社区里进行互动，分享用车经验和趣闻轶事，发起兴趣爱好群，给社区做出贡献，获得"牛值"，满足深层次的社交需求。蔚来会与用户共建 App 的社区生态，比如邀请车主做品牌服饰的模特，拍摄后放到商城上面销售，邀请车主一起参与制作 "NIO BOOK"（蔚来车主的视频用车指南），邀请车主共同创作 "NIO Radio"（类似播客）节目的内容等，把用户的参与感拉满。另外，蔚来基于爱好、职业、

⊖ "蔚小理"代表的是蔚来、小鹏和理想。

城市、身份、行业等多种标签建立了各种社群，让用户可以找到志同道合的车友，从而增加 App 的使用品类并增强社区的社交属性。最后，蔚来还给每一位车主都配备了一个 5～6 人的专属服务群，除了解决车主在后续用车中诸如剐蹭理赔之类的问题外，还逢年过节就发一些家电优惠券和节日礼品，用贴心的服务让用户感觉到被重视。此外，蔚来还给每一位车主志愿者的 App 账号挂上一个标签，标明在哪一年参加了什么活动，从很小的地方让用户感到被重视，从而获得成就感。

在线下，蔚来的体验中心（NIO House）也有别于其他高端汽车品牌，专挑商圈、地标建筑等显眼的地方搭建，而且紧挨爱马仕、普拉达等奢侈品门店，把用户的身份打造得"尊贵"。同时，还在体验中心设有会议室、知识博物馆、儿童乐园等功能区，用户可以在这个第三空间举办分享会、生日会，甚至个人音乐会，也可以参加定期举办的大咖演讲和各种主题体验活动。最后，蔚来还借用了"申办奥运"的做法，对 NIO Day（大型发布会）采取车主城市申办制，让 App 社区的所有用户对各个城市车友会的申办答辩进行投票，让用户自己决定最后的举办地。

从这个案例可以看出，通过"线上 + 线下"的深度用户运营，蔚来为用户打造出了一个深度的社交圈，把自家的汽车产品变成了一张"社交门票"，买它家的车就相当于打开了新的社交圈子，圈子里面每一位车主都对其他车主产生价值，也不断给蔚来的用户社区"添柴加火"，形成了类似于微信的"个人效用网络"。

当你把用户运营做得足够深入和细致，把用户所带来的价值变成自家品牌价值的一部分时，就可以为企业构建起一道坚实的竞争壁垒。

当然，这里面有一个大前提，就是你的产品必须非常优秀，能够解决用户的痛点。毕竟，产品销售之后的体验和服务解决的是痒点，没有出色的产品做基础，用户价值的"嫁接"就无从谈起。

　　投资人看项目，短期看市场需求，长期看竞争壁垒。你既可以从专利技术的维度构筑起行业的进入壁垒，也可以从规模经济、网络效应、品牌优势、转移成本的维度去构建自己的竞争壁垒，还可以从数据优势、内容优势和用户价值的维度去深挖"护城河"。

　　不管是哪一种，目的都是告诉投资人，你可以做强。

第二篇　融资执行篇

第 7 章　机构触达

融资，从连接开始

第 26 讲　触达渠道：哪里能找到投资人

要成功融资，你可能前后需要与十几家甚至上百家投资机构接触。但是很多创业者没有那么多投资人的人脉资源，接触不到他们，怎么办呢？

下面我把可以触达投资人的主要渠道列出来，从方式、成本、成效三个方面进行介绍和对比，供你参考。

投资机构官方联系方式

很多投资机构都设有对外接收项目商业计划书的官方通道，一般是一个以"BP@"为开头的邮箱，由权限内人员定期查看，然后按照项目领域或阶段等类别进行内部分发，交由相应的投资团队分别跟进（不同机构的做法有差异）。

方式：主动。

成本：没有。

成效：有个别成功案例，但更多的是石沉大海，只有投资人感兴趣的项目才会被联系，大部分项目会被筛掉。

投资人个人联系方式

投资人的个人联系方式不外乎电话、微信和邮箱，项目自荐是一种"陌生人自动找上门"的场景，在国内不太适合以直接打电话或加微信好友的方式进行，通过邮箱自荐更加正式且符合商务礼仪。不过，你要注意的是不要群发邮件，这样做会适得其反。

方式：主动。

成本：没有。

成效：与投资人的专注领域及阶段匹配程度越高，效果越好。

行业展会

各个行业经常会举办一些大型展会，并邀请一些专家做论坛演讲，会吸引大量的业内人士参加，很多公司也会"摆摊"参展，把最新的产品展示给市场看。

对投资人来说，这是一次难得的"逛超市"的机会，一次性把产业链上下游有实力的公司都看个遍，挖掘出有潜力的公司，同时也能掌握第一手的行业信息，捕捉风向。

你也可以去参展设一个展位，等投资人和客户上门，又或者去论坛的会场跟每个人交换名片（因为你不知道谁是投资人）。俗话说"见面三分亲"，在这种场景下，投资人对创业公司都会抱着欢迎的态度去接触。

方式：主动或被动。

成本：较低或较高（主要是参展费用）。

成效：一般，能遇到多少投资人、投资人是否匹配，主要看运气。

投资峰会

风投圈每年也会举办一些行业峰会，举办方有机构（比如著名的母基金）、行业协会或者地方政府，这些信息在网上很容易就可以搜索到。投资峰会里大部分都是专业投资人，你可以去现场主动递名片自荐。

方式：主动。

成本：没有或较少（主要是参会费）。

成效：较高，不过这个场景下投资人并没有看项目的预期，大部分都是留个联系方式之后再交流，所以第一印象很重要。

人脉介绍

通过创投圈内有投资人资源的朋友介绍认识投资人，比如孵化器和科技园区的工作人员、曾经融过资的创业者、第三方机构的专业人士（比如会计师、律师）等。

方式：主动（二度人脉）。

成本：人情。

成效：看介绍人的机构资源和背书有效程度。

创业大赛

国内每年都有很多不同类型和级别的创业大赛，著名的比赛会有很多投资人关注，在级别越高或者领域越聚焦的赛事上展示成效越好，比如国家级的中国创新创业大赛，就是从地方一级一级地比上去的，越到后面吸引的投资人越多。

方式：主动。

成本：时间和精力（为比赛做准备）。

成效：主要看成绩，高质量项目在走下赛台的时候就会有很多投资人主动上来交换名片。当然你也可以主动亮出微信二维码，有兴趣的投资人会主动加你为好友。

路演专场

行业内一些从事FA业务的公司或组织会公开征集创业项目，然后举办小范围的路演专场，邀请一些投资人参加。此类专场每次安排4～5个项目，每个项目20～30分钟路演，10分钟回答投资人在线下或者线上的问题。

方式：主动。

成本：时间和精力（为路演做准备）。

成效：较高，投资人就是被项目简介吸引过来的，预期非常明确，你要做的就是引起他的兴趣。

互联网平台

有一些互联网平台设有投融资对接服务，你填写资料后会有平台的人员联系你。这算是平台的FA业务，所以一般都会收取前置的服务费用，至于收费是否合理，服务你的人是否专业，效果如何，需要自己判断，我强烈建议你谨慎对待，不要"病急乱投医"。

方式：主动。

成本：按平台的收费标准。

成效：未知。

专业FA机构

业内有四大著名的FA机构，分别是华兴资本、易凯资本、汉能投资集团、汉理资本，融资业务偏PE阶段；新势力有云岫资本、以太资本、光源资本等，深耕各自的专注领域；还有一些是投资人创办的FA机构，比如我就是从VC到创业再到FA，经历了一个闭环，创办了知止资本。

方式：主动。

成本：融资额度3%～5%，主要为后置收费。

成效：高。专业FA机构可以为你节省大量时间，提高效率，帮助你诊断融资障碍，梳理商业模式，还会协助谈判并且跟进交割。

如果你已经被资本市场"毒打"过，比较有经验了，而且自己可以触达投资人，那FA对你来说其实不是必要的。如果你是第一次融资，建议还是找专业FA合作，毕竟术业有专攻，专业的事交给专业的人去做，自己试错的成本太高了。

找FA的关键是看其专业能力和背后的机构资源。大一些的FA有资金实力可以维护比较庞大的机构库，但运营也重，拆开了承揽、承做、承销环节，每个环节相互独立。也有一些FA以小组形式独立负责项目，但由于小组成员的收入从项目收益中来（先预支工资，有项目收益后再抵扣），赚多少完全看业绩，所以很多时候这类FA会签很多项目做大基数（概率问题），经常出现一个项目经理跟进7～8个项目的情况，当项目经理的精力被分散后，服务深度自然不够，而你往往无法更换项目经理。

要特别注意的是，行业里还有许多骗人的FA，会喊着"没有融不到资的项目，只有不懂融资的项目""每个创业项目都可以融到资，只要你学会包装"之类的口号，拍着胸脯说一定能给你融到资。对于这种明显违反客观逻辑和现实情况的虚假宣传，聪明如你肯定不会上当，但也要时刻擦亮眼睛。

事实上，要判断一个 FA 是否专业，可以看他是不是对你的行业和项目做足了"功课"，交流的过程中问什么样的问题，给你提供什么样的意见，对股权融资的行业规则以及业务执行流程熟不熟悉等。一个好的 FA 对于签项目、做服务是非常谨慎的，因为这关系到他赖以生存的口碑，而且不管有没有和你签服务协议，他都应该敢于说真话，不怕得罪你。

最后，我还要提醒你三点。

一是，有的投资人来者不拒，有的投资人偏爱其他投资人推荐的项目，有的投资人与专业 FA 深度合作，还有投资人更喜欢自己亲力亲为去找项目。所以，通过不同的方式与投资人建立联系，会给融资的推进带来不一样的效果。

二是，找到投资人后，通过最初的一两次接触和交流，就可以看出他对一个项目是不是真的感兴趣。一般用"回去研究研究""保持联系"结束交流的，多半不会再有联系。如果感兴趣，他会告诉你比较明确的下一步动作，比如找更高级别的投资人或行业专家与你开专门的项目交流会，到你的公司去实地考察，跟你签订保密协议要更多的项目资料等。

三是，如果投资人对你的项目感兴趣，那他在投资机构里的职位（或地位）高低，也会给融资的推进带来不同的效果。如果是一位刚入行的投资经理，他的工作任务可能是以寻找项目为主，在机构内部暂时还没有多少能力和权力去推进一个项目的投资；如果是一位董事总经理或合伙人，那他推动项目进程的力度就非常大，项目上会通过的可能性也很高。

第 27 讲 反向尽调：了解你的交易对手

不是应该投资机构对项目做尽调吗？为什么创业者要对投资机构做反向尽调？

主要目的

创业者容易忽略要对投资机构做反向尽调,但这其实是一项非常重要的工作,它的主要目的有三个。

一是验证机构的真实性和合法性,验明正身,避免上当受骗,行业内一些假的投资机构借投资名义对创业公司骗吃骗喝、骗尽调费用的案例时有发生。

二是找出机构的"射程范围",验证你公司所处的领域、阶段、产业链位置等条件是否与机构的投资偏好相匹配,避免"明珠错投",提高融资效率。

三是了解清楚机构的能力和"性格",看你们双方是不是"情投意合",以后是否能够相处愉快,以及除了钱之外它还能给你带来哪些价值。

那么,怎样对投资机构做反向尽调呢?

也是从三个方面入手进行调查,分别是:基本信息、附加价值和行事风格。

基本信息

投资机构的基本信息可以在中国证券投资基金业协会网站(www.amac.org.cn)进行查询。在私募基金管理人公示信息中会显示基金管理公司的"规模类"与"提示类"公示信息,值得你关注的有以下几个方面。

(1)机构信息:基金管理人全称、登记编号、组织机构代码、登记时间和成立时间、注册地址和办公地址、注册资本和实缴资本、注册资本实缴比例、企业性质、机构类型、业务类型、全职员工人数、取得基金从业资格人数、管理规模区间;

（2）实际控制人信息：实际控制人姓名/名称；

（3）高管信息：姓名、职务、是否有基金从业资格、工作履历；

（4）出资人信息：姓名/名称、认缴比例；

（5）产品信息：基金名称、当月月报、季报、半年报、年报、投资者查询账号开立率。

需要注意的是，这些公示信息是由私募基金管理人提供的。虽然基金管理人已书面承诺所有填报信息真实、准确、完整，并承诺承担所有相关法律责任，但是中国证券投资基金业协会对私募基金登记备案信息并不做实质性事前审查，所以不构成对私募基金管理人投资管理能力、持续合规情况的认可，也不作为基金资产安全的保证。

另外，在"机构诚信信息"与"机构提示信息"栏还会标注基金管理人的一些异常行为。

比如：实缴资本低（实缴资本低于注册资本的25%或低于200万元），注册地与办公地不在同一辖区（不在同一证监会辖区），新登记无在管基金（新登记私募基金管理人在办结登记手续之日起一年内尚无基金管理规模）等。

除了中国证券投资基金业协会网站外，你还可以通过一些商业信息服务平台查询到投资机构的简介、投资团队（成员的投资领域、案例以及简介）、投资偏好（轮次与行业分布）、投资数据（所投项目的时间、领域、轮次及金额）、基金数据、新闻、联系方式等信息。

对一些第三方机构发布的榜单和新闻报道，你要辩证判断、审慎对待，因为这可能是投资机构使用非正常手段获得的。

附加价值

不少创业公司希望除了钱之外，投资机构还能提供其他的增值服务，比如介绍客户资源、整合供应链、招聘人才、争取政策扶持等。有些公司可能甚至不是因为需要融资，而是看中了投资机构能带来的某些资源，才专门做一轮融资。

这些融资的潜在附加价值主要来自投资机构本身的行业地位和机构合伙人团队的能力与社会资源。如果投资机构名气大、行业地位高，就能够为你后续轮次的融资背书；如果合伙人团队中有人非常擅长企业管理、业务运营或者资本运作，就相当于你有了一个免费而且利益高度一致的高级智囊；如果合伙人团队中有人积累了很多行业资源或者广泛的高层次人才关系，那么这些资源和关系就有可能变成你的资源和关系。

当你做反向尽调的时候，可以留意投资机构为已投企业提供了哪些增值服务、效果怎么样，以此判断它是否能够给你带来想要的附加价值。

不过需要注意的是，有些机构的在投企业数量比较多，每个合伙人投后管理的公司可能有好几十家，个人精力和时间被严重分散，在这种情况下投资人对你的帮助也会变得有限。

行事风格

创投圈流传着一种看法，创业者融资和投资人投资的过程像极了谈恋爱和结婚，他们彼此了解和考察后，如果觉得合适，就可以"结婚"了。不过"结婚"只是第一步，"婚后生活"愉快不愉快更为重要，如果各种意见不合、整天吵架就没意思了，要是矛盾升级还可能会"闹离婚、分家产"。

我借用这个比喻其实是想告诉你，引入投资人之后，你得到了资源，也会受到限制，投资人在投后管理上的行事风格，会给你公司带来深远的影响。

他的风格是控制欲强、事事过问，还是粗糙放养、撒手不管？是容易时提醒、困难时帮助，还是顺境一顿夸、逆境就责怪？

引入投资人做股东后，在他退出前你们要相处好几年，找到"性格"合适的才能发挥合作的最大价值。要是闹得不愉快，甚至对簿公堂，由"亲人"变成"仇人"，会非常影响公司的持续经营，严重的话还可能会毁掉你的全部心血。

所以，你要用"找终身伴侣"的谨慎态度来选择投资机构，不能光看外在美，还要深入了解清楚其行事风格，看彼此是否适合长期共处。

你可以通过公开的信息渠道查询投资机构是否有诉讼纠纷，也可以向被其投资过的企业或投资机构的合作伙伴（会计师事务所、律师事务所等）进行侧面了解。

第 28 讲　进退有度：与投资人打交道的边界感

融资的过程就是不断与投资人打交道的过程，你除了要清楚交易规则，还要进退有度，掌握恰到好处的边界感，用让人感觉舒服的"协作界面"去与投资人接触，才能少走弯路，提高效率和成功率。

根据多年经验，我总结了七条原则供你参考，分别是"三要"和"四不要"。

要主动出击

虽然投资人每天都忙着找项目、看项目，有时也会慕名拜访，但这样的事情只会发生在有名气的优质项目上，大多数创业公司很难有此待遇。如果融资是公司发展计划中的重要一环，那我强烈建议你一定要走出去，主动出击，大胆地展示自己。

一些创业者可能会等着投资人上门，但创业本身就是一件充满激情的事，怎么可以总是等待呢？有人介绍就见，没人上门就等，这种"随缘枪法"相当于把创业交给了玄学,而不是掌握在自己手上,融资效率可想而知。

一位资深的投资人朋友曾经这样跟我形容这类创业者:"找别人要钱都不积极,又怎么能让投资人相信他有足够的自驱力去服务好客户,给公司赚取利润,为股东创造价值呢?"

要广泛接触

前面说找投资人要精准匹配,这里又说要广泛接触,我是不是自相矛盾了?

并不是。精准匹配是从提高融资效率的角度出发,提前过滤掉一些完全不可能投资你的投资机构,目的是避免做无用功;广泛接触是从提高融资成功率的角度出发,在精准匹配的基础上提升概率。

广泛接触投资人可以从三个方面给你带来帮助。

一是扩大基数。大量的对比可以更好地筛选出匹配度更高的投资机构,然后倾斜时间与精力与其进行深入沟通。另外,投资人之间会相互推送项目(前提是投资人愿意,推送差的项目会被同行质疑投资能力,砸自己招牌),这种圈子内的转介绍也能提高你的匹配概率,而且还有一定的背书作用。

二是制造竞争。接触的投资人越多,可能对你产生兴趣的就越多,利用"供需失衡"的经济学原理,就可以为后面的条款谈判打下基础,增强议价能力。

怎样制造出竞争局面?请翻到第43讲。

三是免费咨询。投资人虽然自己没有"下海游泳",但天天与创业者打交道,不断接收商业世界里传来的各种信息,大量的项目阅历和商业见闻会不断扩宽他的认知广度,也让他在专注的投资领域中拥有足够的认知深度。所以，即使是不熟悉你所在行业的投资人，也有可能在交流中给你带来全新的视角和独特的观点，甚至还可能通过分享其他项目的成败经验，打开你的视野，激发你的灵感。

举个例子，游戏和制药是两个看似完全不同的行业，假设你就是做游戏开发的，却碰到了一个医疗赛道的投资人，在明知他不可能投你的情况下，你要不要花一点时间跟他聊一下？

制药行业有一个特点，就是核心资产（药物）的开发风险非常大。制药公司靠着几款特效药维持主要收入，一旦专利到期营收就会受到不小的冲击，给现金流带来压力，所以制药公司必须不断投入巨资研发新药。但是，能不能研发出来新药，什么时候研发出来，却是个未知数。一旦研发失败，所有的投入都会打水漂，甚至公司股价被腰斩。

游戏行业在商业模式上跟制药行业非常相似，核心资产（游戏）也需要不断被创造，创造的过程同样需要巨大的研发投入和很长的开发周期，而且上一个游戏的成功不代表下一个游戏也能成功，并且也存在过期的问题（游戏过气没人玩）。

在商业逻辑相似的情况下，医疗赛道的投资人可以用评估新药的逻辑去评估你的游戏项目，从持续研发能力和后端发行能力的维度给你提供一些有用的经验和建议。

你确定不想用喝一杯咖啡的时间跟他聊一聊？

要自信、务实、高效

"投资即投人"这句话在这本书里已经出现很多次了，希望它已经得到了你的重视。投资人从接触项目开始，就一直在观察创业者，看他是不是具备创业必备的特质，有没有成长为企业家的基因，为人靠不靠谱，能不能把事做成。

关于如何展现自己,我给你三个建议:自信、务实、高效。

自信是展现你的心性。创业是一件很难的事情,你必须充满自信,才能坚持到成功的那一刻。过程中的自我否定与自我怀疑都是必定会经历的折磨,很难熬,但你必须撑住。当年马化腾先生也曾因为受挫而一度想要卖掉 QQ,但他最后坚持下来才有了现在的腾讯。所以,不用担心投资人知道这些精神波动之后会怎么看你,只要对自己要做的事保持坚定并且坚持,又何妨落落大方地告诉他你是怎样一路走过来的呢?

务实是展现你的性格。选择这个市场是你真的洞察出了机会还是"自嗨"的想象?产品和服务的核心竞争力是不是跟你描述的一致?对业务进度的预期是基于客观判断还是过分乐观?盈利预测是在你能力范围内可实现的目标还是用来忽悠投资人的?中国风投行业发展到今天,投资人的专业程度越来越高,就算是刚入行一年的投资经理看过的项目也绝对比你聊过的投资人多,在见识过各种"妖魔鬼怪"之后,凭借专业本能只要交流几次投资人就可以把项目的虚实情况摸个大概,尽调之后更是可以查得清清楚楚。所以,务实一点,大胆突出优势,大方承认不足,更能得到投资人的认可。

高效是展现你的执行力。与大公司相比,创业公司钱少、人少、客户少,几乎处于全面劣势,唯一的优势只有专注度和灵活性,也就是"创业唯快不破"。当大公司被严谨的业务流程和决策制度拖得行动缓慢时,就是创业公司的机会窗口期,这个时候要把没有效果或者次要的事情丢到一边,专注于最重要的关键环节,快速试错、迭代产品、完善业务、积累优势。创业公司本来就什么都没有,试错成本很低,就算失败了也没什么大损失,天然地有更大的勇气去尝试一些疯狂大胆的创新,可以比大公司更快做出决策,更快执行落地。

怎样向投资人表现出具有高效执行力的样子?

最好的办法就是，你真的是个执行力非常强的人，在与投资人的协作过程中做到凡事有交代，事事有回应，件件有着落。比如，做到开会守时，及时回复邮件和微信，迅速提供资料，以最快速度安排客户访谈等，让投资人放心把事情交给你，也放心把钱交给你。

不要过分热情

有些创业者存在"有求于人"和"有钱就是爷"的下位者思维，见到投资人会非常热情，甚至热情得过分。要知道，风险投资是一项高度理性的工作，正规投资机构有着严谨的决策流程和制度，不管你接触的投资人是什么级别，他也都只有项目推荐权，投不投你最终要经过投委会的讨论和投票决定。即使是投资机构的创始人，一般也只有一票否决权，而不会独行独断要求一定投哪个项目，以保持投委会的独立性和权威性。所以，你无须在融资这件事上对投资人过分热情。如果是交朋友，就用交朋友的真诚态度去相处就好。

另外，还有一种情况我要特别提醒你，行业上有一些冒牌投资人会利用创业者的献殷勤心理行骗。比如，要求你出钱找他指定的第三方机构去做尽调，做完之后却用各种理由不投，从而骗取尽调费用。遇到这种情况，你务必要小心警惕。

关于第三方机构的尽调，我会在第9章详细介绍。

不要带入情绪

当你满怀信心、一腔热血地向投资人介绍着自己的项目时，突然被他一盆冷水当头淋下，你会有什么反应？勃然大怒、愤然回击？还是冷静思考、辩证吸收？

不同的投资人对同一个项目可能会有非常不一样的判断，所以与投资人交流的时候你也可能会受到很多质疑和否定，这是很正常的现象，就像投资人在上会时也要被投委们提出的尖锐问题"拷问"一样。

事实上，职业化程度高的投资人对创业者都是比较温和谦逊的，即使不看好一个项目，也会委婉地表达出自己的看法，而不是直接就说项目不行。相比之下，项目决策会上投资人和投委之间的意见碰撞要来得更加直接和激烈。

投资人不能因为上会的项目被否定而带入不忿的情绪去反击，你也不能因为创业公司受到质疑而带入愤懑的情绪去回怼。不管是在职场还是商场，情绪化都是大忌。虚心听取不同的意见，不断调整、完善自己的思路和做法，是一个创业者成熟的标志。

不要死缠烂打

创业需要坚持不懈的毅力，融资也同样需要，不过并不是针对某一个投资人。

投资人对一个项目不感兴趣，总有他的原因，可能是不符合他的投资领域或阶段，可能是看不懂，也可能是不看好。对那些没看上的项目，投资人为了照顾你的情绪，也为了给自己留后路，他一般不会直接拒绝，而是用"再研究研究，保持联系"的场面话，暂停现阶段的接触，等以后你做大做强了，他可以再来找你。

当你被这样"软拒绝"后，继续"纠缠"下去的意义已经不大。既然之前已经用了"广泛接触"这招，就无须对某一个没看上你的投资人死缠烂打，把机会留给别人吧。

不要请求引荐

投资人自愿帮你介绍其他投资人是一回事，你请求他帮忙引荐是另外一回事，这是一个处事"边界"的问题。

当你被投资人直接拒绝或"软拒绝"后，还请求他为你引荐，就相当于是在利用他的名声给你在其他投资人那里背书。但是对于投资人来说，他刚刚才拒绝了你，他自己都找不到投你的理由，又怎么会推荐给其他投资人，让别人来投呢？如果他真的这么做，肯定会在第一时间被其他投资人问是不是已经有兴趣投你，这个时候他又该怎么回答？

在 FA 圈，我们有一种心照不宣的做法，就是尽量不让不同机构的投资人对同一个项目做任何交流，更不会在投资人群里发任何项目资料。这样做一来是隔绝"噪声"，让投资人可以进行独立判断，二来是避免"羊群效应"带来的"群体极化"现象。

当然，有一种情况你是可以请投资人帮忙引荐的，就是他拒绝你的原因并不是不看好你，而是因为你的项目不在他的投资领域或阶段的射程范围内，这个时候你就可以在他不介意的情况下请他帮忙把你推荐给其他匹配的机构。

第 8 章　路演问答

怎样引起投资人的兴趣

第 29 讲　善用规则：获得最大路演成效

你参加过路演吗？效果怎么样？有没有成功打动投资人？

说个真实案例，有一次我参加华创会，在一个分会场的路演活动上见到一位从国外带着创业项目回来融资的创业者，激情澎湃地讲述自己为什么要创业，讲到时间结束时 PPT（演示文稿）还停留在第一页，最后只能看着一脸疑惑的台下观众，尴尬离场。

融资路上，路演是一门必修课。与上市路演、产品路演一样，融资路演的目的也是展示自己，打动别人，"销售"成功。

创投圈里有各式各样的路演活动，为创业者提供了很好的展示舞台。但是，不同形式的路演场景有不同的规则约束，如果不能善于利用规则，那最后也只是一个人在唱独角戏，融资收效甚微。

我按照场景属性把融资路演分成三种类型，告诉你怎样在既定的时间和条件下做到突出重点，获得最大的成效。

正式比赛

在正式的创业大赛中，场景是你一个人面对很多人，包括评委和观众。因为参赛项目很多，所以单个项目的展示时间都有严格限制，一般为路演 7～10 分钟，评委提问 3～5 分钟。

对于不习惯成为人群目光焦点的人来说，首先要克服的是心理障碍。即使台下准备得很充分，但一上台就紧张，这样将非常影响发挥，路演的效果也会大打折扣。要解决这个问题，办法也很简单，多练习，让自己适应和习惯当众演讲。

由于时间非常有限，要打动评委们取得高分，你应该采取"晒肌肉"的策略，突出最强的点。比如大公司高管的履历背景、国内甚至全球领先的技术水平、拉开明显差距的产品竞争力、远超主要竞争对手和行业平均水平的业绩增速、进入龙头企业供应商名单的客户背书等，用无可辩驳的数据和事实组合成一张"成绩单"，给评委们留下"你很强"的印象。

切记，关于市场规模、行业趋势、竞争格局等较为宏观的事实性信息和需要听众注意力高度集中才能跟上节奏的逻辑推演，不要解释"为什么是这样"，直接用一两句总结性的话告诉他们"就是这样"即可。

对于创业大赛路演，有两个拿高分的小窍门，一是页面内容要精简，二是要准备讲稿。

精简页面内容是从视觉上减少评委的信息接收成本。在时间短、页数多的情况下，如果还把很多内容（尤其是文字）堆上去，那是要别人听你讲还是看 PPT 的内容呢？万一你都已经讲完并翻页了评委还没看完，他对信息的接收不完整，脑中留下一大片空白，自然也就很难给你高分。

准备讲稿是从听觉上提高评委的信息接收效率。精心打磨你的讲稿，像写作文一样，用承上启下的连接词去串联翻页，做到语句流畅和逻辑连贯，就能把评委的注意力从"看"拽回到"听"上面来，让他的思维紧跟你的节奏走，更好地领悟你要表达的重点，然后给你高分。

讲稿要打磨到什么程度呢？

这要看你的文笔功底和结构化表达能力，下一讲我会做详细介绍。

小型专场

项目路演小型专场活动属于半公开性质，组织者一般是从事投融资对接业务的平台或机构，项目类型多以行业为聚焦，集中度比较高，参加的投资人多数专注于相关领域，普通观众不多。

在这个场景下你将是一个人面对数个投资人，而且是更懂行的投资人。当然，你也将有更多的时间去展示自己。一般来说，小型专场会给每个项目安排 30～45 分钟，其中路演 20～30 分钟，投资人提问 10～15 分钟。

事实上，半个小时已经足够说清楚一个创业项目的大概情况，所以你可以采取"多维度、说概要、不讲课"策略，让首次接触项目的投资人可以形成一个较为全面的初步判断。

举个例子，比如你的商业计划书从介绍核心团队开始到阐述融资需求结束一共有 10 个部分，平均每个部分可以分到 3～4 分钟，然后根据信息量的大小和重要程度的高低做调整，定好每个部分的大概时长，最后就可以按照这个时间配置去把握整个路演的节奏。这个时候，你要准备的就不是讲稿，而是提纲，用关键语句和提示词把内容进行切块，然后再像拼积木一样把它搭起来。

要注意，不要在路演时间给投资人讲课，把它放到提问环节，等对方提问后，再去做进一步的解释。

闭门会议

投资人正式面谈的项目多会以闭门会议的形式进行，时长为 1～2 个小时，对于初步交流来说，时间已经相当充裕。这个时候你不用再孤军奋战，可以把合伙人都叫上，以多对多，甚至多对少的形式进行。

闭门会议的流程比较灵活，可以先介绍再交流，也可以边介绍边提问，只要表达的意思到位，"表演"风格随你自己心意，不会有什么压力。在这种场景下，你可以采取"全维度、讲逻辑、摆数据、举例证"的策略，全面介绍项目情况，同时拿出实体产品当面演示，或者带投资人去生产线上参观，给他最直观的体会，直到打动他。

闭门会议虽然给了你足够的时间，但同时也带来了更大的挑战。投资人会从宏观问到微观，全面了解技术、产品、行业、市场、客户等方面的情况。如果你对产品的定位不清晰，或是对客户的理解不深入，又或是没掌握市场的商业逻辑，那就很难走过这第一关，进入后面的尽调环节。

所以，与正式比赛和小型专场不同，闭门会议的重点不是在路演上，而是在交流问答上。很多时候，投资人问的问题背后往往还伴随着隐藏问题，如果你能掌握一些风险投资的逻辑，甚至是了解到投资人的投资偏好，无疑能够更好地洞察出那些隐藏问题，从而更有针对性地做出回答。

具体应该怎么做呢？我会在第 31 讲给你举例介绍。

第 30 讲　表达结构：重点不是你说，而是他听懂

我看项目的时候，有时候会感觉自己像是在参加语文的阅读理解考试。

反面案例

先来看个反面案例。一位创业者这样跟我介绍他的产品:"我们的产品用户都很喜欢,在几个电商平台的关键词搜索量排前几名,设计得非常好看,官网流量很大,前期广告费用分配也很合理,好多人在群里问有没有优惠活动。我认为业务已经做起来了,接下来可以加大力度。如果量大可以把代工的成本谈得更低,也会在更多的线下超市里上架销售。另外,这款产品还找了某网红代言,传播率会非常好,好多抖音账号都拍短视频介绍过,看的人非常多。"

看完之后有什么感觉?是不是很乱?里面的每一条信息都对,但加在一起却不知道他到底想要说什么,这是典型的表达没有结构。

不知道他想说什么,也就是不知道他的结论是什么。其实,他是有结论的,就是"我认为业务已经做起来了,接下来可以加大力度"。

但为什么你没能听出来呢?

因为他没有在一开始就告诉你结论,导致听的时候你必须高度集中精神来分析和筛选,去判断他的结论到底是什么。再加上,他给的细节是一大段很琐碎的罗列,没有规律可言,连记住都难,更不用说听懂了。

四原则法

我们经常说,结构不对,什么都不对。团队有股权的结构,公司有治理的结构,商业计划书有逻辑的结构,路演也有表达的结构。

怎样才能够向投资人清晰地介绍自己的项目呢?你可以用"论、证、类、比"四原则法(见图8-1)。

"论"是指结论先行,中心思想最好是出现在开头,而且一个部分只支持一个中心思想。

第8章 | 路演问答：怎样引起投资人的兴趣

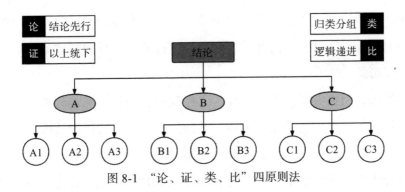

图 8-1 "论、证、类、比"四原则法

"证"是指以上统下，任何一个层次的要点都是下一个层次要点的总结概括，直到最后一个层次的内容是客观事实或数据为止。

"类"是指归类分组，每一组要点必须要属于同一个范畴。

"比"是指逻辑递进，每个要点都要按照一定的逻辑顺序进行排列。

用这四个原则，我帮这位创业者重新梳理了一遍信息细节和表达结构，如下："我认为公司的业务系统已经基本搭建完成，理由有 4 点：

第一，供应链方面，公司已经与实力雄厚的代工厂进行合作，产品供应稳定有保障。经过对比，公司从上游三大代工厂中选择了某厂进行合作，良品率超过 98.7%，产能充足可以保证交货时间，采购价格目前为市场价，后续如果量大还有下降的空间，账期最长可达 90 天，对公司的现金流非常友好。

第二，产品方面，产品功能和质量满足市场需求，外观设计也得到用户喜爱。比如，好评率达到 99%，其中超过 80% 的用户拍照晒图并评价产品质量很好、颜值很高。

第三，渠道方面，线上已经基本覆盖，线下正在加快布局，并同时往私域导流。线上方面，一个月内完成了以"淘京拼抖"为主的 X 个电商平台的店铺开张，公域流量打通率超过 85%；线下方面，产品已在两个品牌连锁超市上架，销售网点数量达到 236 个，另外还有 5 家连锁超市正在洽谈，预计 3 个月内可以全部完成。所有咨询和已付费用户都被第一时间往 QQ 群、微信群、企业微信进行导流，目前私域流量池已有三万多粉丝。

第四，销售方面，广告和宣传工作到位，销售情况十分理想。因为前期投入了大量广告费用，还请了某网红做代言，所以产品搜索指数连续 3 个月排在前 5 名，吸引了 40 多家媒体报道，过百个抖音账号拍短视频进行介绍，全网曝光流量达到 5000 多万人次，目前累计销售收入已过百万，月平均增速超过 110%。"

最后，为了加强投资人的印象，再强调一下结论，并且引出下一个中心思想："供应链、产品、渠道、销售这四个轮子已经使我们的业务顺畅转起来了，下一步我的计划是完善整个商业模式，包括持续积累需要的资源和能力，调整现金流结构以及跑通盈利模式，让公司可以持续发展并且壮大。"

看出来了吗？

这样的表达就是我所说的用结论作为开头，层层论证，最后再强化结论，并且顺势带出下一个要说的中心思想。

金字塔原理

上面的表达结构运用了"金字塔原理"（由麦肯锡第一位女性顾问芭芭拉·明托在《金字塔原理》中提出）。纵向看来，从总结论、支撑结论的要点，到数据和客观事实，层层下分；横向看来，每一组要点都按一定的规律进行分类，彼此之间也存在逻辑关系。

用这样的结构，不管时间长短，你都可以把自己的项目跟投资人说清楚。

如果只有几秒钟，那就直接说：我公司的业务系统已经基本搭建完成，下一步计划是完善整个商业模式。这是金字塔结构的第一层，总结论。

如果有 1 分钟，你可以说：我公司的业务系统已经基本搭建完成，理由有 4 点：①供应链方面，公司已跟实力雄厚的代工厂合作，产品供应稳定有保障；②产品方面，产品功能和质量满足市场需求，外观设计也得到用户喜爱；③渠道方面，线上已经基本覆盖，线下正在加快布局，并同时往私域导流；④销售方面，广告和宣传工作到位，销售情况非常理想。

如果有 10 分钟，那你就可以按照上面的完整版本去说了。

如果你 30 秒说不清楚一件事，那么 30 分钟也未必能说清楚，因为你不是没有重点，而是没有结构，信息在传递的过程中"线性损耗"太大，使得投资人的理解成本太高，抓不到你的结论和重点。

不管是台上路演还是闭门交流，信息传递的重点都不是你说，而是他听懂。结构化表达你的结论，可以减少投资人的信息处理量和理解成本，帮助你更好地展示自己，提高融资效率。

第 31 讲　洞察意图：问题背后的风险识别

假设投资人问："主营产品所处的细分市场规模有多大？"该怎样回答呢？多数创业者大概会直接给出一个统计数字，然后就没有了。但是，投资人真的只是在问一个百度一下就可以查到的数据吗？

隐藏问题

前面说过，投资人的问题背后往往还有隐藏问题。

比如，如果他问细分市场的规模，那他可能是在判断这个细分市场能够支撑起多少家上市公司，你公司的天花板可以有多高，你有没有能力做到那么大，评估公司最后能否上市，什么时候能上市。

又比如，当他问行业的竞争格局时，他可能是在判断这个赛道拥不拥挤，你跟什么样的竞争对手在打擂台，将来又可能会有多少玩家涌进来，评估你的综合竞争力能否脱颖而出。

再比如，当他问公司的商业定位时，他可能是在判断产品的市场需求是否成立，会有多少利润空间，需不需要着重投入营销去获得增长，当中有没有相互冲突的矛盾点，评估你的商业模式是否成立。

创业的成功需要一些运气，跟你绑在同一条船上的投资人也同样面临着这样的高度不确定性，你们都在玩一场"概率游戏"。事实上，大部分投资机构的成功投资案例数量占比都比较低，与其说投资人在努力提高投资成功的概率，不如说他是在尽力降低失败的概率。

风险识别

投资人用什么办法去降低投资失败的概率呢？

在"投管退"三个环节中，做好风险识别。

比如，在你介绍核心技术的时候，投资人说某某公司也在做类似的产品，问你们的产品有什么差别，那这个问题背后就可能有三重潜藏问题：

第一重，你的技术和产品是不是比竞争对手更好？这问的是竞争优势。

第二重，如果你的更好，能好多久呢？有没有申请专利保护？不能申请专利保护的话有什么措施可以防范仿制风险？这问的是竞争壁垒。

第三重，竞争对手有没有其他的技术路线可以走？有没有可能出现颠覆性的新产品替代你？这问的是潜在风险。

当你清楚投资人的立场和投资逻辑之后，就不难理解他隐藏在问题背后的真实意图，然后给出更合适的回答了。

那这个问题应该怎样回答呢？

举个例子。我在给一位客户完善常见问题解答（FAQ）的时候，对这个问题的回答是这样修改的：

"根据《××行业年度报告》的数据，今年××产品的全球市场规模约有××亿美元，预计5年后达到××亿美元，CAGR达到××%。在目前的竞争格局下，我们的市场机会主要在五个方面：

（1）在全球市场规模增长的趋势下，即使现有市占率保持不变，公司的业绩依然会随之水涨船高。另外，国内市场的增速高于全球市场，与国外竞争对手相比，增量部分的竞争我们更有本土优势。

（2）在供应链安全的大背景下，国产替代的进程将释放出相当可观的市场份额给中国厂商，我们花大力气搭建起来的市场渠道体系比国内竞争对手更庞大和成熟，抢蛋糕的速度也会更快。

（3）产品往某方向发展的趋势越来越明显，客户需求的转变带来了替代的机会，而我们3年前已经开始在这个技术上投入了大量的研发，现在产品的各项指标都是全球领先的，所以我们会率先占据一部分传统产品的市场份额，今年上半年A公司和B公司的部分订单转移到我们这里来就是非常充分的证明。

（4）获得全球最高的质量体系认证资质后，我们进入了很多头部大厂的供应商名单，未来订单量的释放会不断加大，客户结构将会更加合理和完善，这将大幅度降低营收依赖于少数客户的风险。

（5）新产品的研发基本完成，样品已经送到5大头部客户那里进行测试，从测试数据来看情况非常理想，预计6个月后可以正式推出市场，那5个客户都已经给出了意向订单，有大厂背书我们就可以更快地打开中小客户市场，到时候将为公司贡献新的营收增长点。

综合上述分析，保守预测我们的整体市场份额在 2025 年可以达到 ××% 以上，产值将超过 ×× 亿元。"

概率思维

上面的例子是根据项目具体情况量身定制的回答，你很难复制。不过没关系，下面我教你掌握一种思维方式，叫作"概率思维"，它可以帮助你从"趋势、战略、治理、管理"四个维度去回答投资人的问题，很好地对冲他所顾虑的风险。

趋势，就是找到时代中大概率会成功的事情。

比如，过去通信技术进步使得移动互联网产业崛起，现在碳中和政策推动清洁能源、储能技术、能源管理等行业发展，未来元宇宙预计将改变人们的生活、工作和消费形态等。顺应趋势是对冲风险的第一要素，没有任何一家创业公司能够"逆流而行"还取得成功，"顺势而为"才符合自然规律。前面例子中的"全球市场规模增长、供应链安全、产品往 ×× 方向发展"都是在告诉投资人趋势是什么，并且这样的趋势对公司的发展非常有利，从而降低宏观市场的不确定性风险，打消他的顾虑。

战略，就是基于已经被验证的理论，在前提条件成立的情况下，选择公司发展的正确方向，并坚定地执行。

比如，互联网赛道的投资人都熟知网络效应，先跑出来的公司可以拥有很大的竞争优势，甚至做到赢家通吃。如果你也在这个赛道上，选择"快鱼战略"就很有必要，比竞争对手更快构建起网络效应，才能赢得市场。

又比如，前面例子中说的"获得全球最高的质量体系认证资质后进入头部大厂供应商名单，以及新产品通过测试获得大客户意向订单"，就是利用实体制造业的大厂背书效应去帮助公司开拓中小客户市场，打造出更合理健康的客户结构和营收占比，降低对大客户的依赖风险。

治理，就是公司的治理结构能否对经营管理和绩效进行有效的监督、激励、控制和协调，例如股权结构、合伙机制、董事会议事制度、组织架构等。我已在前文对相关内容做了详细的讲解，你应该已经非常清楚不合理的股权结构会带来什么危害，也知道如何利用分配原则、权重设计和合伙机制去维护团队稳定，排除公司的顶层设计风险。

管理，就是对公司的"人、财、事"进行管理。

比如，用什么方法找人，有没有找对人，工资和奖金制度合不合适，激励计划对员工的作用，业务流程梳理是否完善，团队建设和企业文化做得怎么样，内部协作是不是高效，调动和晋升通道是否顺畅等。做好管理能够让公司这个系统运作得更顺畅，对冲执行力低下导致的效率风险。

风险识别贯穿一个项目的"投前、投中、投后"全过程，而融资的过程就是要不断打消投资人对不确定性风险的顾虑，让他对你充满信心。

第32讲　科学复盘：下一次更高效

复盘是围棋的一个术语，指的是下完棋后把下棋的过程再摆一遍，看看哪些地方下得好或不好，哪些地方可以有不同的走法，不同的走法会带来哪些利弊等。

要做到科学复盘，需要一个完整的学习逻辑，分析成功的关键要素或者失败的根本原因，从中总结经验和教训，而不是简单地事后回顾。也就是说，复盘的目的是从经验中学习，既要找到亮点或者成功的做法，也要深入反思失败的原因，找出事物的本质和规律。

每次闭门会议结束之后，我都第一时间给客户开复盘会，帮助他驱散当局者迷的浓雾，洞察投资人的真实想法，改进思路和表达形式，为下一次做好准备。

具体怎样做呢？

时间不长的路演你可以用情境重现法，回放在台上的姿态动作、说话的语调节奏、表达的结构、内容的逻辑以及整个过程的感染力，看哪些地方打动了投资人，因为什么打动他，然后不断练习，不断调整。

时间长、内容多的闭门会议适合用关键点法，步骤包括：确定复盘点，洞悉想法，总结规律，重新回答。

确定复盘点

你和投资人的交流多以问答的形式进行，主要是他问你答，在这种场景下，多数投资人的思维是既聚焦又发散的。

什么意思？

比如，在你介绍产品的时候，投资人可能从技术细节、功能设计或者生产工艺等方面延伸提问，这是聚焦性的深入了解。

又比如，说供应商的时候，投资人的问题可能直接跳跃到竞争对手的成本结构上，这是发散性的广泛了解。

你可以在征得与会者的同意后，对会议过程录音，然后把投资人问过的问题和时间点整理出来，方便复盘的时候精准定位。接着，把那些与投资人观点分歧比较大的地方或没有打动他的问题点挑出来，作为接下来要进行复盘的关键点。

洞悉想法

每个投资人都有自己的判断标准，比如说市场规模为 100 亿元算大还是小呢？有的人认为已经不小了，有机会撑起几家上市公司，有的人却觉得太小，竞争稍微激烈一点都不一定能跑出大龙头。

正因为没有固定标准，所以你需要在交流的过程中仔细观察投资人的反应，从话语中捕捉潜台词，洞察出他的想法。

比如，他连续问了好几个关于产品功能和应用场景的问题，可能是因为你在介绍产品的时候没有结构化地表达清楚，他不得不增加追问来补充完整信息，帮助理解。

又比如，他问你有没有计划扩张产品的系列，研发的难度和周期将会是怎样的，可能是因为他觉得你的产品单一，市场天花板太低，想看看你有没有其他方面的增长潜力，也可能是因为他在把你的项目跟其他正在看的项目做对比，看看你们之间谁更有前途。

要洞察投资人的想法，你可以跟团队一起重听关键点部分的对话内容，做过程剖析和逻辑推演，看看为什么当时的回答给了投资人那样的反应，如果换一种回答会不会带来不一样的效果。

总结规律

这里的规律是指投资逻辑，简单说就是"为什么投"和"为什么不投"。除了一些"通用型"投资逻辑之外，还有很多以具体行业为前提的"应用型"投资逻辑。

虽然短时间内不容易把这些"应用型"投资逻辑全部掌握，但既然你有胆量选择这个赛道，应该是对行业的底层商业逻辑理解得比较透彻，而这些商业逻辑的底层规律就是支撑具体行业"应用型"投资逻辑的基础，你完全可以做到举一反三，触类旁通。

比如，自媒体行业中的 MCN 机构⊖需要签约很多主播或内容创作

⊖ MCN 的全称是 Multi-Channel Network，MCN 机构广义上是指有能力服务和管理一定规模账号的内容创作机构。

者，在这种商业模式里，流量的信任主体不是机构而是个人，因为粉丝是冲着喜欢的人去的，他们只关心能不能从内容中得到需求的满足，而完全不会关心有没有 MCN 机构的存在，甚至很多人连什么是 MCN 机构都不知道。在这样的商业逻辑下，机构通过什么方式与主播或内容创作者形成长期且稳定的合作关系，直接决定了商业模式的可持续性，有经验的投资人肯定会在这方面进行重点考察。

又比如，那些知识付费平台上也有很多优质内容（各种名家大师的学习课程），不过用户的核心需求是自我增值，他们希望通过课程的学习提升认知能力或者掌握方法技能，实现工作和生活中的目标，但不需要与课程老师产生直接的关系（成为粉丝），只需要通过课程连接。也就是说，用户把信任放在了平台那里，知道那里有很多好课程可以学习，以后有需要就上来，用户的信任主体是平台而不是人。与 MCN 机构不同，此时投资人的关注重点变成了知识付费平台如何持续地为用户提供优质课程，而平台与课程老师的长期关系变成了其中的一个考察点。

除了利用底层商业逻辑举一反三，你也可以在与投资人交流的过程中通过提问了解他对行业的判断和对你公司的评价，看看哪些地方是他看中的亮点，他又对哪些方面存有顾虑，背后的判断标准和逻辑依据是什么，然后以此为鉴去完善公司的商业模式和发展计划，为下一次的交流做好准备。

重新回答

复盘的最后一步，就是把投资人提出的问题，重新回答一遍，并且写下来，反复修改完善。

我建议你从接触第一个投资人开始就着手准备一份常见问题解答（FAQ），把所有被问到的问题和历次的回答都记录下来。

这样做有两个好处，一是可以反复阅读，帮助梳理思路，让下一次的回答更加精准；二是随着问题的累积和回答的完善，这份材料可以作为融资的附件材料提前提供给后面的投资人，让他在"前人"的基础上继续提问，提高效率。

第9章 尽职调查
心中有数才能更好应对

第33讲 尽职调查范围：三大维度

如果投资人开始对你的项目展开尽职调查，就代表你的融资进程已经有了实质性的进展。这个非常重要也非常耗时的环节关系到后面更为重要的项目上会和投委决策，你必须了解清楚它的"全貌"，才能更好地进行应对，获得理想的结果。

目的与范围

尽职调查是投融资过程中必不可少的环节，主要目的有三个：发现价值、识别风险、分析投资可行性。尽职调查的范围包括业务、财务、法律三大维度。

业务尽职调查主要从商业层面展开，涵盖国家政策、行业市场、竞争格局、核心团队、技术产品、营销渠道、上游供应链、下游客户结构、商业模式等。

财务尽职调查关注真实性核查、经营数据验证以及盈利预测可行性分析，包括公司的经营业绩、现金流、盈利预测、资本性开支、财务风险敏感度等。

法律尽职调查的重点是三资（资格、资质、资产）调查、法律文件核查以及重大法律风险点核查，包括公司的历史沿革问题、股东及高管情况、债务及对外担保、重大合同、诉讼及仲裁、税收及政府优惠政策等。

尽职调查结束后，投资人会把信息资料、分析过程、判断结果、投资方案以及风险控制措施汇编成一份尽职调查报告，或者叫投资建议书，作为书面材料提交给投委会，为项目上会做准备。

专业的尽职调查报告内容详尽全面，单以业务维度的尽职调查报告为例，根据尽职调查对象的规模，报告篇幅从几万字到十几万字不等，可以把一家公司里里外外所有的情况全部剖析清楚。一个客户在看完我为他公司写的尽职调查报告后就发出这样的感慨："以前都不知道自己公司还有这么多事情，现在我更清楚接下来要怎么做了。"

当然，这是我们FA为项目客户提供的融资服务之一，投资人的尽职调查报告只用于机构内部的投资决策，一般不对项目公开，即使你充满好奇，也很难看到投资机构对你公司的尽职调查详情。

执行主体与报告要求

尽职调查报告有严谨的内容框架和编写格式要求，不管是投资人还是FA，都不能天马行空地写，必须在大框架内完成，并且要做到详尽客观、逻辑严谨、结论清晰。

虽然说投资概要是商业计划书的精华提炼，但事实上这两者都应该来自高质量的尽职调查报告，而高质量的尽职调查报告来自高质量的尽职调查，只不过大多数创业者不具备尽职调查所要求的专业技能和资源，而且自己尽职调查自己也不合适，所以尽职调查需要由专业投资人或独立第三方来完成。

虽然你不需要自己写尽职调查报告给投资人，但了解清楚这份用来上会给投委看的报告的整体框架，有助于你掌握一些投资人的分析逻辑和判断方法，更好地应对和配合尽职调查。

一般来说，业务尽职调查由投资人负责完成，而财务和法律尽职调查既可以由投资机构的风控人员或律师完成，也可以委托会计师事务所与律师事务所执行。不同维度的尽职调查报告由负责尽职调查的执行主体单独编写，最后由负责推进项目的投资人汇总成一份报告，并在最后提炼出投资价值，提出投资方案并提示风险及风险防范措施。

早期创业公司的财务和法务情况并不复杂，加上创业者主要跟投资人打交道，所以你应该更加重视业务尽职调查，这是决定你能否融资成功最重要的维度。

下面我把业务尽职调查的主要框架和内容整理出来（不同项目根据实际情况增减调整），告诉你投资人将会从哪些方面对你的公司展开调查。

业务维度（重点）

公司概况

尽职调查报告从公司的组织信息开始，对公司简介、历史沿革、股权结构、组织架构等进行详细的记录。这部分内容以客观信息和情况说明为主，包括公司的工商登记信息、设立至今的全部工商变更事项以及变更缘由、实际控制人、公司的治理架构和组织架构、董监高人员情况、人力资源情况等。

需要注意，历史沿革所发生的工商变更和重大变化要给出真实合理的解释，也要说明公司实际控制人的合理性和稳定性。

行业与市场

"行业与市场"主要是从较为宏观的层面对项目所处的行业以及细分市场进行分析，从基础概念（科学原理、专业产品、行业术语、特定标准等）、市场现状、政策法规、主要竞争对手、行业发展趋势、主要市场机会等多个方面进行全面的介绍、分析和判断。

找准项目所处的产业链位置是做好这部分内容的关键第一步，如果你能够清晰准确地向投资人讲述清楚，就可以节省他不少"做功课"的时间，避免方向性错误。接下来，投资人会从多个方面进行剖析，比如市场规模大小、增长潜力、行业整体成本结构、上下游交易规则和议价能力、竞争格局以及巨头对小公司的限制、行业政策的推动力、外部因素的干扰力、科技和需求带来的趋势变化、可以切入的市场机会等，在宏观层面洞察机会、识别风险、验证投资逻辑。

产品与技术（或服务与优势）

从宏观层面分析完行业与市场，下面就进入微观层面，对公司进行层层剖析。所有公司都是通过产品来为客户创造价值的，你卖的东西或者服务好不好至关重要，是投资人尽职调查的关键。

"产品与技术"会从主要产品、解决方案、竞品分析、资质证书、专利申请、产品仿制风险与防范措施等多个方面展开，重点分析产品的竞争力、底层核心技术（或模式、资源）的先进性（或可行性、稀缺性），验证产品是否满足客户需求以及满足的程度，洞察产品的生命周期和"创造性垄断"（如专利技术）程度。

商业模式分析

商业模式是指利益相关者的交易结构，从事不同业务的公司有不同的商业模式，而做相同业务的公司也可能会有不同的商业模式。

商业模式有很多理论模型，我在给学员讲课和对项目做尽职调查的时候比较喜欢用六要素模型，因为相比九要素模型（商业模式画布），它更适用于中国的创业公司。

事实上，如果投资人没有经过商业模式的系统性学习和真实案例实践，他很难在尽职调查报告中对项目进行全面且系统的商业模式分析，所以并不是所有的尽职调查报告都会单独对这一环节做系统性讲述，而是会对诸如目标客户、供应链、生产模式、仓储物流、盈利模式、市场营销等相关内容进行独立讲述，或者零散地将这部分内容放到其他环节里面去。

商业模式六要素模型包括公司定位、业务系统、关键资源能力、盈利模式、自由现金流结构、公司价值，它们分别回答以下 6 个问题：

（1）你为什么客户提供了什么价值？

（2）你需要搭一个什么样的业务系统去做这件事？

（3）这个业务系统的运转需要哪些关键资源和关键能力？你怎样获得并利用它们？

（4）你怎样获得收入，分配成本并赚取利润？

（5）预期可以产生的自由现金流的结构，其持续时间和贴现值是怎样的？

（6）你的公司有多少投资的价值？（通过对成长的空间、能力、效率和速度进行分析。）

"商业模式分析"的篇幅比较长，因为一家公司的规模再小，它也是一个"五脏俱全"的创业项目，需要从上述 6 个要素里面拆解出很多关键独立项，才能完成对整个商业模式的系统性分析。

一般来说，这一部分内容只要分析完商业模式就可以了。而我在服务客户的时候，还会继续用"系统动力学"做进一步的分析，找出在这种商业模式之下影响公司这个"系统"的"关键变量"以及由这些变量所形成的因果关系，看看加速企业发展的"增强回路"和限制企业壮大的"调节回路"是怎样的，是不是存在着"滞后效应"⊖的影响，最后搭建出一个模型，完成对这个"系统"的全面检查。

行业访谈

要摸清楚一家公司的供应链状况、产品接受度、业绩增长潜力、技术先进性、内部管理情况、团队稳定性和执行力等方面的情况，又或者是求证行业发展趋势、了解市场交易规则以及验证市场机会，投资人会通过或正面或侧面的方式对项目的内外部利益相关者以及独立第三方专家进行较为深入的访谈，以收集第一手的真实信息，帮助自己分析判断和做出决策。

"行业访谈"记录了访谈的时间、地点、形式、被访者身份信息以及经过整理汇总的访谈内容，在某种程度上具有相当的权威性，是投资人的重要参考意见。

财务状况

区别于财务会计角度的财务尽职调查，业务尽职调查对企业财务状况的分析更多是从管理会计的角度出发，去看企业的经营状况和经营者的经营水平如何，更注重业务层面的效益、效率和效果，希望看到企业能以最小的经济投入获得最大的经济回报。

⊖ 因和果之间的时间差。

"财务状况"包括财务数据、财务指标和指标分析,从多个"能力"维度对企业进行深入分析,比如:

(1)偿债能力(流动比率、速动比率、资产负债率);

(2)营运能力(存货周转率和存货周转天数、应收账款周转率和应收账款周转天数、营业周期、流动资产周转率、固定资产周转率、总资产周转率);

(3)盈利能力(主营业务利润率、销售净利率、销售毛利率、销售费用率、资产净利率、净资产收益率);

(4)变现能力(销售现金比率、全部资产现金回收率);

(5)现金流量流动性(现金到期债务比率、现金流动负债比率、现金债务总额比率)。

发展规划与盈利预测

"发展规划与盈利预测"相当于你给投资人描绘的公司前景,他可能会在这方面给你一些参考意见,但最后写进报告的内容必定是你给出的最终版本。对于规划与预测,多数创业者都会保持谨慎和理性,但也有些迫切需要融到资的创业者容易做出过分承诺。

发展规划可以按照5年战略、3年目标和1年计划来描述,与企业当下的发展阶段和经营状况密切相关,比如产品规划、供应链规划、渠道规划、市场规划、品牌规划等。

盈利预测则是在假设融资资金到位、企业发展符合规划预期的前提下,对营收和利润所做的估算,虽然肯定存在误差,但也不能偏离太多。

投资价值、潜在风险及风险防范措施

完成各个方面的梳理分析后,投资人会根据个人和机构的投资逻辑和风格偏好，总结提炼出项目的投资价值、潜在风险及风险防范措施，然后去接受投委们的考验，过了就投资，不过就否决，既现实也高效。

所以，有时候你能不能顺利融资，跟投资人是谁（指投资人的投资能力和决策影响力）有很大关系。

投资方案

报告的最后是投资人针对这个项目制定的投资方案，主要包括项目投前估值、投资额度、投资先决条件、关键条款等。

如果项目上会通过，投委们会就这些细节进行讨论，然后拟定出一套投资方案反馈给项目方。这个时候就相当于进入谈判阶段，你要跟投资人做最后的博弈了。

第 34 讲　尽职调查方式：六大程序

不同投资机构的尽职调查流程存在一定差异，但一般都需要完成以下六大程序：资料收集、高管面谈、实地考察、行业走访、专家咨询、竞争调查。

资料收集

投资人做尽职调查的第一步是收集项目的资料，他会给出一份"尽职调查文件清单"，要求你按照清单提供相应的文件资料，范围覆盖业务、财务、法务三大维度。

关于提前准备这一点我已经提醒过你了，现在我还要特别叮嘱你另外一点，就是永远不要试图在这些提供给投资人的融资材料中隐藏任何事情，更不能造假。

每一个创业者都想努力展示公司最好的一面，我在融资的时候也一样，但你要确保自己已经向投资人披露了所有问题。专业的投资人都明白没有任何一家公司是完美的，创业公司更是问题百出，承认不足反而会得到他的尊重。

披露完整信息也有好处，可以让你通过投资人的反馈发现问题，清除融资路上的障碍，也可以让你通过观察投资人的反应筛选出日后能够共同面对逆境、克服困难的合适伙伴。

高管面谈

投资人会对核心团队、公司高管进行一对一的面谈，问一些与个人或公司相关的问题，或者就某个点展开讨论。比如，为什么要创业，家人是否支持，跟合伙人是怎么认识的，对行业是怎样理解的，了不了解竞争对手，认不认同公司的发展理念，平时的工作氛围怎么样，与其他同事协作的效率高不高等。

这些问题的涉及面可能非常广，并没有固定的套路，只要投资人觉得有必要了解清楚，他就会问。然后，通过面谈时你和你团队的表现来形成直观印象和初步评价，看你是不是一个合格的创业者，有没有能力把负责的事情做好，能不能很好地长时间共事和相处，等等。

每个人都有自己的风格特质，在这里我无法建议你应该怎样去给投资人留下一个好的印象，不过有些地方我希望你能特别注意。比如，不要因为沉迷于技术或产品而像一台机器一样不善言辞，融资毕竟是一件跟人打交道的事情；不要自恃履历丰富或背景厉害而目中无人，优秀的企业家都是谦逊有礼的；不要试图以给投资人输送利益获得融资，这样做违反职业道德而且挑战法律底线。

除了高管面谈之外，投资人还可能会挑个别普通员工进行面谈，从侧面了解公司的管理作风和企业文化，帮助自己更好地做出判断。

实地考察

顾名思义，实地考察就是投资人要亲眼看一下你公司的真实情况是怎样的，包括整体工作氛围、业务运作流程、办公和生产环境，以及重要资产的维护和保存等。

我曾见过创始人为了应付投资人的实地考察，特地给全公司员工开了个动员会，要求大家到时候这样做或那样做。其实大可不必，每个公司在不同的发展阶段都有相应的精神面貌，非要加上一个"滤镜"反而落了下乘。

比如，创业公司在早期一般就是一个字——乱。为了能把产品卖出去，为了能让公司活下来，整个团队的焦点都放在业务上，没有精力去梳理出严谨的业务流程，制定很多规章制度，甚至可能连打扫办公室的时间都没有。要是投资人看到的不是乱，而是"事事讲流程，处处讲制度"的秩序，他不一定会欣赏这种秩序，反而可能会觉得你们缺少创业的激情和动力，执行力不强，过早地染上了大公司病。

让投资人看到最真实的一面就可以了，就像罗振宇在2022跨年演讲上说的："行就行，不行，我再想想办法嘛。"

行业走访

如果说资料收集、高管面谈和实地考察属于对企业的内部调查，那从行业走访开始就是外部调查了。

行业走访的主要对象有上游供应商、生产代工厂、第三方检测机构、渠道商、下游客户、重要合作伙伴等。具体走访对象一般会从你提供的清单中进行挑选，然后通过打电话或者实地走访的方式，去调查你跟这些外部利益相关者合作的情况。比如对上游供应商的走访会关注采购数量、价格和交货周期、结算账期、供货稳定性等，对下游客户的走访则涉及产品质量、订单量和价格、未来采购计划、竞品对比、需求变化趋势等。

对于外部调查，你很难去左右别人对你的评价，唯一能做的只有用诚信维护良好的合作关系和公司商誉，获得口碑，这也是所有创业者应该做的事情。

专家咨询

有些投资人可能比你更擅长商业分析和趋势判断，但绝对不会有任何一个投资人比你更熟悉产品技术和业务细节。所以在尽职调查的时候，投资人也需要请外援，帮助自己分析判断。

项目的类型不同，需要的外援也不同。比如，验证技术的先进性可以找科学家，求证行业发展趋势可以找行业专家，存在诉讼纠纷可以问律师，想知道以后能不能上市就要咨询券商。

这些外援就像投资人的智囊团，他们的意见在尽职调查中起着非常重要的参考作用。如果你也有这样的智库，那我建议你也可以找他们给自己的公司"把把脉"。

竞争调查

虽然最好的创业赛道是没有竞争（也就是垄断）的赛道，但是这样的投资机会少之又少，多数投资人都需要在"优势行业"里面去寻找"优势企业"。

但是，就算再细分的市场都会有不少玩家，投资人怎么能够知道谁最有前途呢？

通过竞争调查。

投资人会通过各种方式和途径对你的主要竞争对手进行摸底、考察、访谈或第三方评价，深入对比分析你的竞争优劣势，梳理清楚竞争格局并用逻辑推演竞争终局。一定程度上，这些"情报"掌握得越充分，投资的判断就越精准。

不管是为了配合投资人的尽职调查，还是为了自己公司的发展，了解你的竞争对手都是一项非常必要且重要的工作，你应该高度重视。

第 10 章　协议条款
知道"坑"在哪里才能躲开

第 35 讲　TS：投资条款协议

经过第 9 章的学习，相信你已经对投资人怎样做尽调有所了解了。而在开始尽调之前，投资人还可能会跟你签订一份投资条款协议（TS），目的是让"融资方"和"投资方"达成初步意向，对未来可能执行的投资交易做出原则性的约定。

下面，我从"法律性质""核心条款"和"意义作用"这三个方面为你拆解投资条款协议。

法律性质

投资条款协议具有"框架性""非约束性""保密性"和"排他性"四大特点。

框架性：与投资协议、股东协议相比，投资条款协议的篇幅较短，复杂度较低，只罗列了正式协议中的核心条款。这样做可以在很大程度上节约双方的交易成本，降低因在融资谈判阶段对重要条款产生分歧而导致交易失败的可能性。

非约束性：虽然投资条款协议在法律上被定性为"预约合同"，属于合同范畴，但是除了"排他期""保密"和"费用"三类条款之外，其他的约定内容对交易各方都不具有法律约束力。也就是说，签署了投资条款协议不等于投资人一定会投你。

保密性：在与投资人交流之前，你可以要求投资人出具一份保密协议，使你在早期披露的公司信息不会被泄露。而投资条款协议中的保密条款除了为创业公司的核心技术、财务信息、经营状况及商业机密等情况提供保密的保障之外，还把投资条款协议中的各项条款、条件以及存在投资条款协议这件事本身都作为保密信息囊括在内。

排他性：与保密条款作用相反，排他期条款是投资人用于保护自己、单向约束创业公司的条款，约定创业公司及其现有股东在排他期内不能与其他投资机构就投资和股权转让事宜进行接触。排他期一般在60天左右，而对于创业者来说，这个时间当然越短越好，但也会有个限度，比如在提供尽调报告的情况下，我帮客户争取到的最短排他期是30天。

核心条款

在核心条款中，投资人主要关注两件事，经济因素和控制因素。

经济因素主要与公司的价值相关，关系到投资人在退出的时候可以获得多大的回报，也就是投资收益。控制因素则是一种机制，投资人通过这种机制在公司治理上保障自己的利益和监管公司的运营。

投资条款协议的内容框架如图10-1所示。

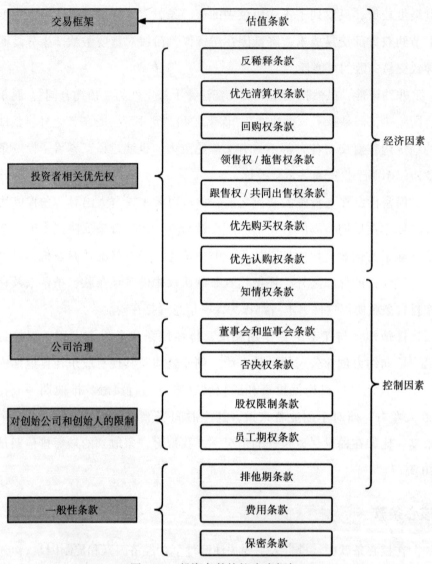

图 10-1　投资条款协议内容框架

下面我先对这些条款做个简单介绍，帮助你对投资条款建立起一个认知框架。如果你现在就想了解得更深入，也可以直接跳到第 37 ~ 39 讲查看更详细的剖析。

估值条款：约定公司的估值、投（融）资金额和占股比例。

反稀释条款：如公司后续发行的股份价格低于本轮价格（相当于后续融资的估值低于本轮估值），本轮投资人的实际转换价格也要降低至新的发行价格（一般用现金或股权方式对投资人进行补偿）。

优先清算权条款：公司发生清算、解散或结束营业（包括兼并、收购、改变控制权、合并等，具体范围需明确约定）事件分配剩余资产时，投资人有权获得优先分配。

回购权条款：发生事先约定的事项（比如5年内公司没上市或没被并购、实际控制人离职等）时，投资人有权要求公司或实际控制人按约定价格赎回投资人持有的全部或部分股份。

领售权／拖售权条款：此条款也叫强制出售权，是指公司原股东必须按照投资人与第三方达成的股权转让价格和条件，参与到投资人与第三方的股权交易中来。也就是说，投资人可以随时单方面把你的公司卖掉。

跟售权／共同出售权条款：创始团队把全部或部分股份直接或间接出让给第三方时，投资人有权在同等条件下优先于创始团队或按照持股比例，把股份出售给第三方。

优先购买权条款：创始团队或持股平台向第三方出售公司股份时，投资人有权以同等的条件优先购买。

优先认购权条款：投资人有权按持股比例以相同的价格和条款优先参与认购公司上市前发行的新股份（比如后续轮次的融资）。

知情权条款：公司须周期性地向投资人提供公司经营相关的报表和文件（比如月度财务报表、董事会会议纪要等）。

董事会和监事会条款：规定董事会和监事会人数及各方有权任命的董事和监事人数。

否决权条款：公司在执行约定的事项（可能损害投资人利益的事件）前，需征得投资人委派的董事同意，也就是说投资人对某些特定事件拥有一票否决权。

股权限制条款：股权限制主要分为股权归属限制和股权转让限制。股权归属限制是指本来属于创始人的股份需要满足一定条件后才能完全归其所有（比较少用，因为创始人基本不会答应）。股权转让限制是指对创始人在转让股权时设置的限制（一般要求在公司上市或出售前不得处置股权）。

员工期权条款：如果公司没有进行过员工股权激励，投资人可能会要求创业者在融资后为公司员工设置期权池。多数用于激励的期权池约占公司融资后股权比例10%～20%，具体条款内容可以另行约定。

一般性条款：一般性条款包括但不限于排他期条款、保密条款、费用条款（因投资事宜而产生的合理第三方费用，比如尽调所需的第三方会计师、律师费用）及投资前提条件。

意义作用

虽然投资条款协议的法律约束力不如正式协议，但它并不是可有可无的东西。

对创业者来说，投资条款协议作为投资人抛出的橄榄枝，是融资过程中的重要里程碑，可以让你与其他投资人谈判时拥有更大的底气（比如在签订TS之前，让对你有兴趣的投资人知道他还有其他竞争对手，制造出一个前文所说的"竞争局面"，从而为自己争取更有利的TS条款内容）。

对于要领投的投资机构来说，很少会不签署投资条款协议就直接进入尽调或者正式协议的条款谈判，因为排他期条款可以降低他的时间风险，避免尽调工作变成无用功，而费用条款可以降低成本风险，避免产生合理费用的时候双方各执一词。

对于交易双方而言，投资条款协议意味着信任的基础和交易的基本框架，罗列的主要条款能够为后面谈判产生的分歧提供协商依据，避免僵持或谈崩，大大地降低了交易成本。

如果你拿到了投资条款协议，就相当于融资进程已经完成了接近一半。除非投资人在后续尽调中发现重大问题或风险，导致你的公司达不到投资要求或标准，否则一般都有比较大的机会获得投资。

不过，你依然需要注意在签署投资条款协议的时候要明确自己的诉求并要求合理的权利，否则进入正式协议的谈判阶段后就很难再去对这些核心条款做大修改了。

第36讲　SPA 与 SHA：投资协议与股东协议

当你历尽千辛万苦，终于顺利完成尽调并且上会通过之后，接下来就进入条款谈判阶段。这个时候，投资人会提供两份协议给你，分别是投资协议和股东协议。

在了解这两个协议的条款内容之前，你需要先清楚它们与投资条款协议有什么区别。

TS、SPA、SHA 的区别

在上一讲中你已经了解到，投资条款协议是投资人在启动尽调前与你谈好的框架协议。进入谈判阶段后，投资协议和股东协议则是在投资条款协议的基础上，对交易细节的丰富和细化。如果双方对某些条款产生意见分歧，投资条款协议就是非常重要的协商依据。

除此之外，它们最大的不同在于法律效力。投资协议和股东协议一旦签署就具有完全的法律效力，而投资条款协议只有排他期条款、保密条款和费用条款能够在法律上生效。

那么，投资协议和股东协议又有什么不同呢？

它们主要是对应的投资阶段、关注重点和机制措施有所不同，如表 10-1 所示。

表 10-1 SPA 与 SHA 的投资阶段、关注重点及机制措施

协议	投资阶段	关注重点	机制措施
SPA	投资期	股权有所值	尽调、披露函
SHA	管理期	保值与增值	奖励、惩罚、监督
	退出期	本金与回报	上市、并购、分红、回购、清算

投资期指的是从签署正式的投资协议到完成股权交割的阶段。投资协议的条款明确了这个过程中双方的义务，并对完整交割流程的执行要求进行了详细约定，其目的是确保交易可以顺利完成，形式上与买卖合同（如房屋买卖合同）很类似。

管理期和退出期分别是指投资人成为公司股东后对所投企业的投后管理阶段，以及投资人转让或出售所持有的公司股权，完成投资退出、资金回收的阶段。

如果说投资协议是你和投资人完成"结婚"流程的法律文件，那股东协议就是你们"婚后"关于怎样处理"家庭问题"的约法三章，上面约定了股东之间的权利、义务以及公司治理的各项规则。

相较之下，投资协议条款的"谈判张力"没有股东协议大，一般在市场化的标准投资协议模板上进行修改调整即可。

我先对这两个协议的主要条款做简单介绍，而你也可以直接跳到第 37～39 讲查看详细解释。

SPA 主要条款

本次投资：本次增资（或转股）的新增（或受让）注册资本、对应股权比例及应支付的股权增资（或转让）款（用增资或转让款除以相应的股

权比例即为本轮估值)、增资款的用途范围及追加投资权等。

先决条件：投资前公司方必须满足的前提条件、完成期限，以及被豁免的先决条件的处理方式等。

交割形式：股权交割、款项支付时间与方式、工商变更、交割证明文件以及相关说明等。

陈述与保证：公司方、本轮投资人以及前轮投资人就可能影响本次交易的事项所做出的陈述与保证。

约定与承诺：过渡期（交割进行时）的安排和交割后的义务等。

生效与解除：说明协议在什么条件下生效，发生什么情形时可以解除以及解除的效力。

法律适用和争议解决：明确协议的法律管辖范围和如果发生争议怎样解决。

违约责任与赔偿：明确各方发生违反条款的行为时要承担的责任与赔偿。

其他条款：本条主要是关于费用和通知的说明。

SHA 主要条款

公司治理：对股东会（或股东大会）、董事会、监事（或监事会）、员工股权激励、一致行动表决等公司治理规则的约定。

非竞争承诺：明确创始团队和核心高管竞业禁止的范围、时间、违反处理以及保密义务。

向第三方转让：对创始团队及持股平台的股权转让限制，明确本轮投资人享有的优先购买权、跟售权、退出优先权等。

增资程序：公司后续融资时本轮投资人享有的优先认购权、反稀释权等。

回购权：列明触发回购的事件、回购的价款、赎回方等。

股东分红、公司清算与优先清算权：约定分红的方式、发生清算事件时的分配原则与分配调整等。

知情权：明确公司在多长的周期内要向本轮投资人提供什么信息和材料及其要求，明确投资人的检查权、重大事项的定义范围和通知要求等。

合格上市：大概意思是在公司申请上市的时候投资人的优先权利就自动中止，如果没完成上市，这些权利就自行恢复。

违约责任及争议解决：各方违反条款时要承担的责任和发生争议的解决办法。

生效及其他：本条包括替代主体、生效、继续有效、从属性、促使董事批准决议、可分割性、期权、转让、协议效力等。

对于投资协议和股东协议，有些投资机构会把两者合并在一份协议里面，具有同样的法律效力。

第37讲 投资期条款：股权有所值

投资协议里的投资期条款在融资谈判中存在争议的地方并不多，其中你需要重视的主要是"估值"与"先决条件"两大条款。

估值（价格）条款

估值条款是经济因素里面的第一项条款，相信也是在融资中你最关注的地方，因为它关系到交易的价格，决定了你要用多少股权去换多少钱，最后是你卖便宜了还是投资人买贵了。

投资条款协议里面的估值条款的内容格式参考如下：

估值：

公司本次共计以增资方式发行[××%]的股权用于融资[××]万元，投前估值[××]亿元。投资人共投资[××]万元，完成后投资人将拥有公司[××%]的股权（简称"投资人股份"）。

投资协议里面的"估值"条款的内容格式参考如下：

估值：

在满足本协议的条件和条款的前提下，本轮投资人同意以合计人民币[×]元的对价（"增资款"）认购公司共计人民币[××]元的新增注册资本（"新增注册资本"），对应本次增资后共计[×××%]的公司股权，增资款超过新增注册资本的部分应作为溢价计入公司的资本公积。（上述交易以下称为"本次增资"。）

各方同意，增资款仅可用于与公司主营业务直接相关的业务发展和扩张、资本性开支和公司的日常营运。如需改变增资款用途，必须经本轮投资人书面同意。同时，增资款不得用于以下用：（1）非经营性支出或与公司主营业务不相关的其他经营性支出；（2）中等及以上风险级别的委托理财、委托贷款、股票交易和期货交易。

如果投资人有意向在短时间内追加投资，比如6个月，那还会增加一项"追加投资权"，内容格式参考如下：

追加投资权：

各方特此同意，本轮投资人有权但无义务以其自身或其指定关联方在××××年××月××日之前以公司方与本轮投资人一致认可的投前估值（但不应超过本次增资投后估值的××%，即人民币××元）向公司追加投资，追加投资金额不超过人民币××万元（"拟议追加投资"）。如果本轮投资人提出的追加投资的投前估值等于本次增资投后估值的××%，公司方不得拒绝。各方同意应尽一切努力配合拟议追加投资的完成，包括但不限于签署与拟议追加投资相关的一切文件以及就拟议追加投资放弃其根据合同或法律所享有的优先认购权、优先购买权等一切优先权利。为免疑义，拟议追加投资为单独的一项交易，非本次投资的一部分。

对于怎样计算一家公司的估值，学术上有很多计算模型，比如DCF（现金流贴现）法、P/E（市盈率）法、P/S（市销率）法、EV/EBITDA（企业价值倍数）法等。

不过，这些模型都不是100%精准的，只能用作参考，尤其对创业公司来说，阶段越早，未来的不确定性越高，模型中各个变量的偏差就越大，计算出来的数值也越失真。

我经常说，估值都是谈出来的。跟投资人谈估值，本质上与"去菜市场买棵葱跟老板砍价"没什么区别，都是价格谈判。

那么，估值会受到哪些因素的影响呢？

太多了。比如，创始人和核心团队的水平和经验、目标市场规模的大小、与行业发展趋势的一致性、公司的发展阶段和经营业绩、目前的经济环境、竞争对手同一轮次的估值、有没有其他投资人也在抢这个项目，甚至赛道是不是当下的投资风口等，都会成为影响估值的重要因素。

估值的谈判技巧我会在第41讲传授给你，现在我要提醒你注意两个对估值影响比较大的地方。

一是，要跟投资人确认清楚你们在讨论的是投前估值还是投后估值，比如投资额为500万元，投后估值2000万元和投前估值2000万元的股权比例差别是5%（=25%-20%）。

二是，有些投资人可能会要求你先完成员工期权池的设置（如果你没有提前预留这部分股权），之后才会对你投资，以确保他的股权比例不会被员工期权池稀释。投资人都希望你设置大一点的期权池来尽量避免他的股权在未来被稀释。

关于期权池的博弈有很多处理办法，比如在设置的时间点（投前还是投后）、比例的大小上进行谈判，或提前准备一份期权预算等，具体可以向你的 FA 或律师咨询。

先决条件条款

先决条件条款的内容格式参考如下：

先决条件：

（1）本轮投资人已经完成对公司在商业、财务、法律、税务等方面的尽职调查且结果令其满意；

（2）公司方所做出的陈述与保证在本协议签署之日和转股交割日均真实、准确、完整且不具误导性；

（3）公司方已履行和遵守交易文件要求其在转股交割日或之前履行或遵守的所有约定与承诺；

（4）公司方签署、交付、履行交易文件并获取交易文件所述交易所需的全部内部及第三方批准，且在转股交割日维持完全有效，该等批准未实质修改交易文件的规定且未附加本轮投资人无法接受的条件；

（5）不存在限制、禁止或取消本次投资的适用法律或政府机构的判决、裁决、裁定、禁令或命令，也不存在任何已经或将要对本次投资产生不利影响的未决或经合理预见可能发生的诉讼、仲裁、判决、裁决、禁令或命令；

（6）自本轮投资人尽职调查至转股交割日，公司的业务或运营均无任何具有重大不利影响的变更，也不存在可能造成重大不利影响后果的情况或事件；

（7）股东协议已经适当签署并向本轮投资人交付；

（8）公司已经按照其组织性文件的规定作出董事会决议和/或股东会决议批准本次投资以及交易文件的订立且该批准在转股交割日维持完全有效，并且，批准根据公司法和新章程改组公司董事会；

（9）本轮投资人已就本次投资取得其内部有权决策部门的书面批准；

（10）公司已在主管市场监督管理局将股权结构登记为如附表所示，且截至转股交割日该等股权结构未发生变化；

（11）核心人员已与公司签订经本轮投资人认可的竞业限制协议；

（12）公司方已经向本轮投资人交付《转股交割先决条件满足证明》，确认上述交割先决条件已经满足。

以上内容格式虽然有点长，但不难理解，你了解清楚就可以了。

需要注意的是，如果你的公司存在某些问题，而投资人认为这些问题可能对公司经营或未来上市带来风险，就会在先决条件中提出具体要求，等你全部完成后才会进行投资。比如解决诉讼纠纷问题，注销某些有关联的公司，处理知识产权侵权问题，完成股权交割未尽事宜等。

有些挑剔的投资人可能会在先决条件中提出比较多的要求，这种情况下你要看这些要求合不合理，如果太苛刻或者超出能力范围的话，你可以尝试跟投资人协商取消，或者争取豁免的权利，把它转化为交割后的义务。

交割形式条款

投融资中的股权交割可以分为"转股交割"和"增资交割"，两种形式都是通过款项支付和工商变更登记来完成，普遍的做法是投资人先支付50%的款项，然后公司在规定的时间内完成股权变更工商登记手续，投资人也在规定的时间内支付剩余 50% 的款项。

一般来说，用于增资的投资款会优先计为注册资本的实缴，剩余的金额再计入公司的资本公积，过程文件包括有效的股东名册、出资证明书、收款确认函等。

以"增资交割"为例，股权交割条款的内容格式参考如下：

交割形式：

增资交割

在公司方向本轮投资人交付增资先决条件已获满足的证明文件并经本轮投资人认可且本轮投资人收到首期增资款缴付通知书后的 ×× 个工作日内，本轮投资人应分别以电汇方式向公司指定的银行账户支付增资款的 50%，共计人民币 ×× 元（"增资款首次付款"，该支付日期为"增资交割日"），本轮投资人于增资交割日即取得 ×× 条所列之股权及股东身份（以上称为"本次增资交割"）。为免疑义，首次付款应优先计为各本轮投资人对公司注册资本的实缴，剩余金额计入公司的资本公积。

陈述与保证条款

为了确保交易能够顺利完成，各方会对彼此做出陈述和保证。以公司方的保证为例，内容格式参考如下：

陈述与保证：

公司方保证

（1）公司方特此单独并连带向本轮投资人做出本协议及其附件一项下的各项陈述与保证（合称"公司方保证"），并应被视为于交割日及每一笔投资款付款日重复向本轮投资人做出公司方保证，犹如公司方保证于交割日及每一笔投资款付款日。公司方确认本轮投资人签署、递交和履行交易文件有赖于公司方保证真实、准确且不具误导性。

（2）公司方特此保证，其各自具有签署、交付和履行其为签约一方的交易文件的权利和授权，且其签署、交付和履行交易文件不会（i）违反中国任何有关的法律法规，或（ii）抵触、违反现有股东或公司为一方的重大合同、协议或其他合同义务。授权公司方签署、交付和履行其为签约一方的交易文件所必须采取的所有行动已经或将会在交割日之前采取；公司方为签约一方的交易文件经签署和交付后将对其构成有效和有约束力的义务，可根据相关的条款对其强制执行。

（3）目标股权。

公司方特此保证，目标股权之上未设定任何抵押、质押或其他权利负担。目标股权对应的注册资本已经由转让方全部缴纳完毕，且不存在任何出资不实或抽逃出资的行为。

目标股权不存在任何股权代持、委托持股、信托持股等导致与目标公司登记股权结构不一致的安排。转让方并未与第三方签订或达成任何关于目标股权或其上之股东权利的法律文件。目标股权历次转让合法有效，转让的对价均已全额支付。

不存在任何针对目标股权或影响目标股权之上各项股东权益的尚未解决的或将要进行的，或者可能提出的诉讼、仲裁、行政调查、行政处罚或其他法律或行政程序；没有发生可能直接或间接导致任何此类法律或行政程序开始，或为之提供基础的事件、情况或情形。

陈述与保证的内容一般不存在很大的争议。要注意的是，不少创业公司都存在股权代持的情况，如果你没有对投资人进行事先披露，那就违反了这一条款，有可能导致交易终止，而一旦投资人进行追究索赔，你甚至需要赔偿他的损失。

约定与承诺条款

约定与承诺主要是针对交割的过渡期所做出的安排,以及约定在交割完成后公司方需要履行的义务。

过渡期安排约定了公司方在交割完成前不可以做的事情,以及发生了哪些特定的事项要马上通知投资人,内容格式参考如下:

约定与承诺:

过渡期安排

(a)公司方不可撤销地单独及连带地向本轮投资人承诺:自本协议签署之日起至第二期增资款支付日止,未经本轮投资人的事先书面同意,公司方中的任何一方不得,且公司方不得促使或允许公司采取以下任何行为(为本次投资之目的的除外):

(1)修订组织性文件(包括章程);

(2)停止经营任何业务、变更经营范围或主营业务、扩张非主营业务或在正常业务过程之外经营任何业务;

(3)变更股本结构(包括增资、减资、转让股权);

(4)发行任何类型的证券或发行取得任何类型证券的权利;

(5)制定、变更或实施任何与员工相关的利润分享计划或股权激励计划;

(6)进行合并、分立、收购、清算、兼并、重组或类似行为;

(7)购买、出售、租赁或以其他方式处置任何资产,但在正常业务过程中发生者除外;

(8)缔结、在任何重大方面修订或变更、终止任何重大合同,放弃或转让其项下的任何重大权利,但在正常业务过程中发生者除外;

(9)设立或终止子公司,或与第三方合资、合伙或进行其他形式的合作;

(10)发生任何资本性支出或做出任何将创设或导致有义务做出资本性

支出的承诺；

（11）发生金额累计超过××万元的一系列关联交易或单笔金额超过××万元的关联交易；

（12）转让、许可转让或以其他方式处分公司知识产权；

（13）为第三方提供保证、抵押、质押或其他担保；

（14）改变决策机构的规模、董事和监事的席位分配和表决机制；

（15）向股东分配红利或其他任何形式的分配；

（16）启动、中止或终止对主营业务具有重要影响的任何诉讼、仲裁或其他法律程序；

（17）豁免债务，或取消、放弃、免除任何权利请求；

（18）变动会计政策或聘任的会计师事务所。

（b）公司方不可撤销地单独及连带地向本轮投资人承诺，在增资交割日之前，未经本轮投资人事先书面同意，公司方中的任何一方不得，且公司方应促使公司或其关联方及其各自的董事、监事、高级管理人员、雇员、代表或代理人不得：

（1）启动、诱发或鼓动涉及公司新增投资、股权的买卖或其他处置方式，或涉及公司的并购或合并，或涉及公司直接或通过其关联方经营的主营业务的买卖、任何对本次投资有负面作用的交易或其他处置方式的任何询价、报价或要约（每一项均称"替代交易"）；

（2）参加针对替代交易的任何讨论、谈判，或针对替代交易提供、披露关于公司或主营业务的任何信息；或

（3）针对替代交易缔结任何具有约束力或不具有约束力的书面或口头的协议、安排或谅解。

（c）特定事项通知。

本协议的每一签约方承诺，自本协议签署之日起至增资交割日止，应当

在知悉下列事项后立即通知其他签约方并附上相应证明文件:

(1)任何人就交易文件项下交易应当取得或者可能需要取得该人的同意、批准、授权、命令、登记、备案或其他手续所发表的通知或声明;

(2)任何政府机构发布的与交易文件项下交易相关的通知或者声明;

(3)任何向政府机构提起或由政府机构处理的法律行动、争议、索赔、诉讼、调查或者其他程序,牵涉或以其他方式影响本协议的任何签约方履行其在交易文件项下的义务或交易文件项下交易的能力的;

(4)经合理预计可能对交易文件项下交易产生重大不利影响的任何其他事件;及

(5)任何先决条件已经成就的事实。

交割后义务在完成工商变更登记手续、知识产权保护、合法开展经营活动、遵守反腐败规定、整改问题满足上市规则要求等方面进行约定,内容格式参考如下:

约定与承诺:

交割后义务

(a)公司方应按本协议的约定及时完成工商变更登记手续。

(b)公司方不可撤销地单独及连带地向本轮投资人承诺:

(1)自转股交割日起,公司方应促使公司遵守所有适用法律开展经营活动,且应按照适用法律的规定按时申请和续展从事其业务活动所需的政府机关或管理部门的所有许可、授权、批准、认可或备案;公司不做假账、不故意虚增业绩、不发生超过50万元的单笔或者连续多笔大额现金支出或核心人员超过50万元的大额占款;

(2)如届时上市券商等中介机构提出要求,公司方应在上市前以合理方式对实物和无形资产出资瑕疵问题进行整改,以满足上市规则的要求;

（3）自股转交割日起至上市前，公司应逐步规范社会保险金和住房公积金的缴纳；

（4）自股转交割日起，公司应逐步完善员工劳动合同中职务发明相关条款，制定职务发明内部奖励制度。

(c) 知识产权保护。公司方承诺：

（1）公司拥有的以及在经营过程中使用的任何专利权、专利申请权、技术诀窍、专有技术、商标权、软件著作权等知识产权不得以任何方式侵犯第三方的权利。

（2）与公司主营业务相关的发明创造、专有技术、产品、运算方法、技术秘密或其他商业秘密信息的知识产权均单独地归公司所有，任何相关的专利申请均应以公司名义提出。

（3）公司应采取一切合理且必要的步骤或措施对其拥有或使用的知识产权保密并使其免受侵害，包括但不限于与可能接触到未公开知识产权的雇员签署保密协议和竞业限制协议。在知晓任何第三方正在侵犯或可能侵犯公司的任何知识产权的情况下，公司应采取一切必要的措施予以制止并索赔。

(d) 遵守反腐败规定。公司方承诺，关键人物不应且不应允许公司或其任何相关董事、高级管理人员、员工、独立承包商、代表或代理商违反适用的反腐败法而直接或间接向任何第三方做出承诺，向其授权、支付或以任何其他方式向其贡献任何有价值的物件。任一关键人物均应促使公司停止其所有相关活动，并补救公司或其任何董事、高级管理人员、员工、独立承包商、代表或代理商所采取的任何违反适用的反腐败法的活动。任一关键人物均应促使公司良好维护其内部控制体系，包括但不限于会计系统、采购系统和计费系统，以确保遵守适用的反腐败法律和法规。

如果有需要，投资人还可能会在交割后义务中加入一些特定的条件，比如在禁运事件发生后，为了避免投资的公司被美国列入出口管制"实体清单"，就有投资人提出这样的要求：

在商业可行的前提下，公司应在相关销售合同中争取加入"最终用户和最终用途"限制性条款，要求相关客户承诺遵循美国《出口管制条例》的规定。

其他条款

"生效与解除""法律适用和争议解决""违约责任与赔偿"以及"其他"条款基本上是标准格式，如果你对这些晦涩的法律用语不熟悉，可以聘请专业律师代为把关。

需要稍微注意的是，在费用方面，一般会约定公司应该承担的费用上限，如果最后没有完成交割，按市场行规，公司承担的费用上限减半，比如：

如果本次投资完成交割，则公司应承担本轮投资人因本次投资而产生的最高不超过人民币20万元的成本和费用，包括因本次投资而发生的报销费用以及向[ ]支付的法律服务费用；如果本次投资因任何原因未完成交割，则公司仍应承担前述成本和费用，但最高不应超过人民币10万元。

附件

根据项目情况和交易方式的不同，附件类型也不一样，比如有"公司核心人员名单""披露函""公司的进一步陈述和保证"等。

"公司的进一步陈述和保证"会在公司事项、业务、遵守法律、知识产权、债务状况、竞业限制、保险、关联方和关联交易事项、劳动事项、诉讼及调查、税务等更多方面作出陈述和保证。

第 38 讲　管理期条款：保值与增值

管理期条款体现了投资人对所持股权的保值与增值要求，可以分为"监督性质"条款、"权益保护性质"条款、"利益绑定性质"条款。

董事会条款（监督性质）

董事会条款的内容格式参考如下：

公司董事会设××名董事，其中××有权委派××名董事，本轮投资人有权委派××名董事，股东会应当选举前述经相关各方委派的董事当选。除本协议另有约定外，所有关于公司董事会的事项适用公司法和公司章程的相关规定。

在硅谷有这么一句话："Good boards don't create good companies, but a bad board will kill a company every time."意思是"好的董事会不一定能成就好的公司，但糟糕的董事会一定会毁掉公司"。

作为控制因素中最重要的条款之一，拥有董事任命权是投资人参与公司治理，监督公司运营，获得公司内部话语权的重要手段。

有些创业公司股东比较少，一开始可以没有董事会只有执行董事，但在引入投资人之后，就需要成立董事会了。董事会事关公司的控制权，每一个董事会席位都弥足珍贵。

董事会人数一般为奇数，持股比例比较高的投资人一般会要求拥有董事任命权，可以在董事会中委派一名董事。随着公司不断融资，引入的投资人越来越多，董事会的构成会发生变化，随着投资人拥有的董事会席位增加，你需要通过一些机制（比如一致行动人协议、投票权委托，或类似阿里巴巴的董事提名权制度等）来确保自己可以始终控制董事会半数以上的席位，才不会失去公司的控制权。

不过，创始人团队在董事会里面一家独大也并不完全是一件好事。一个结构合理的董事会应该能够在创业者、公司、投资人和外部独立董事之间形成权力和利益的平衡制约，充分发挥这个"内阁"的集体智慧，为所有公司股东创造财富。

员工股权激励条款（监督性质）

公司在早期可以靠几个合伙人干起来，但继续壮大就得依靠所有员工的齐心协力，通过系统的整体协作去对抗创业路上的重重困难。这个道理你非常明白，投资人也非常明白，所以在公司治理维度，投资人一般会要求公司承诺实施"员工股权激励计划"，它的内容格式参考如下：

公司方不可撤销地承诺，在向被激励人员授予激励股权时，将促使被激励人员完成激励股权所对应的注册资本和资本公积金的实缴。本次转股交割后，如果公司拟通过新增注册资本的方式和/或新设员工持股平台或使现有持股平台新增股权/财产份额的方式实施员工股权激励，该等具体的员工股权激励计划方案、被激励人员范围以及授予价格等事宜应经公司股东会和董事会审议通过。

否决权条款（监督性质）

否决权条款也叫保护性条款，是投资人为了保护自己的利益而设置的，它要求公司在执行某些可能损害投资人利益的事项前，需获得投资人在股东会或董事会决议层面的批准。下面是否决权条款的一些典型约定事项：

否决权条款典型约定事项：

（1）处置公司的重要资产，包括房产、土地使用权、知识产权及其他对公司业务持续运作产生重大影响的资产，但集团内部转让除外；

（2）公司集团成员与公司实际控制人及关键人物以及他们的关联方发生的关联交易；

（3）日常经营外任何针对第三方的对外贷款、担保、抵押或设定其他负担；

（4）申请破产或清算；

（5）通过、修改公司章程；

（6）公司主营业务性质的重大改变；

（7）股权或债权的发行，现有注册资本的增加、减少或改变；

（8）实际控制人不再担任公司董事长或总经理职务；

（9）兼并、收购、重组、全部或实质性全部出售公司集团成员资产；

（10）公司年度预算；

（11）预算外单笔或每月累计超过××万元的支出，预算外单笔或每月累计超过××万元的借款；

（12）财务制度、会计政策的设立或修改；

（13）新设子公司或附属公司，以及对外签署股权合资协议。

尽管大部分的保护性条款都已经比较标准化，但大部分创业者，不管是融过资还是没融过资的，都会在这上面跟投资人"吵"得很激烈。前者希望这些条款宽松一些或者直接取消，去掉套在身上的枷锁；后者则是为了避免出现比较极端的损害公司或投资人利益的事件，希望通过这些条款来实现对公司某些行为的控制，保障资金安全。

保护性条款的细节谈判是比较容易出现拉锯情况的环节，就上面的典型约定事项来说：（1）（4）（6）（8）（12）（13）合理；对于（2）你可以争取一个约定的金额上限，比如5万元；对于（3）你可以约定集团内部母子公司间允许资金拆借；对于（5）你可以把范围具体到涉及投资人拥有否决权的事项；（7）涉及后续融资，需要注意；对于（9）你可以争取资产比例，比如账面净资产30%以上；如果在战略层面发生分歧，（10）有可能造成决策僵局，需要注意；（11）这条合理，但能争取到更高的金额自然更好。

事实上，否决权条款并不是因为投资人不信任创业者才设置的，而是有些丑话需要说在前面，把以后有可能产生分歧的地方提前说清楚，这是否决权条款的核心所在。

所以，保护性条款不是在禁止这些行为，而是规定这些行为需要获得投资人的同意，只要事情没有影响到公司或投资人的利益，他一般都会同意。

当然，投资人也很难穷举哪些情况可能会影响到自己的利益，所以条款表述上会写得比较宽泛，你可以就关心的事项跟投资人协商约定好一个范围，避免否决权的滥用。

需要注意的是，随着融资轮次的增加，加入的投资人越来越多，将可能出现很多投资人都拥有一票否决权的情况，这会使得公司的决策变得低效而且艰难，轻则对日常经营造成干扰，重则影响战略发展方向。

知情权条款（监督性质）

知情权条款的内容格式参考如下：

知情权：
公司应分别在规定时间内向本轮投资人提供以下信息和材料：
（1）每个会计年度结束后××个月内，公司经审计的合并损益表、资产负债表和现金流量表；
（2）每个会计季度结束后××个工作日内提供公司季度财务报表及公司内每一主体单独的标准报表（合并损益表、资产负债表和现金流量表）；
（3）每个月度结束后××个工作日内提供公司月度财务报表及集团公

司内每一主体单独的标准报表（合并损益表、资产负债表和现金流量表）；

（4）按照本轮投资人要求的格式提供其他统计数据、其他财务信息和交易信息，以便本轮投资人被适当告知公司信息。

以上数据均应真实、完整、准确地反映公司及其所有子公司在相应时期的经营情况。为降低公司财务风险，股东有权利要求董事会对公司财务状况进行核查，必要时进行审计，并对财务管理提出合理化建议。所有的审计应由一家信誉良好，并经投资人认可的会计师事务所进行，并适时根据上市要求聘请具有证券从业资格的会计师事务所。同时，本轮投资人有权享有公司法规定的作为公司股东对公司的标准监督权。

检查权：

本轮投资人有权在提前通知且不影响公司正常经营的前提下在所有合理时间检查公司财产、会计账簿和记录、设施、房产，与公司的高级管理人员、董事、员工、会计师和法律顾问讨论公司事务、财务和账目。

重大事项通知：

公司应就重大事项或可能对公司造成潜在义务的事项及时通知本轮投资人，包括公司进行的法律诉讼和其他可能的债务。"重大事项"包括以下内容：

（1）经营方针和经营范围的重大变化；

（2）订立重要合同，而该合同可能对公司的资产、负债和经营成果产生重大影响；

（3）公司开发重大新产品，可能对公司未来经营产生重大影响；

（4）公司发生重大债务和未能清偿到期重大债务的违约情况；

（5）公司发生重大亏损或资产遭受重大损失；

（6）公司生产经营的外部条件发生重大变化；

（7）涉及公司的重大诉讼或可能引发重大诉讼的任何事件；

（8）公司认为需要通报的其他重大事项。

一般来说，你不需要在这上面花时间去跟投资人博弈，因为知情权是法律赋予公司股东的基本权利。

估值调整条款（权益保护性质）

估值调整属于"对赌"的一种，是投资人为了应对未来不确定风险，防止"买贵了"的情况出现所采取的保值措施。

如果投资人认为一个项目值得投资，但存在较大风险，就会提出"对赌"的条件，比如完成技术或产品的研发（设定具体验收标准），未来的业绩达到什么水平，完成某个具体项目，下一轮融资的估值不能低于多少，什么时候上市等，如果创业者做不到投资人就要调整估值，方式主要是创业者赔偿现金或赔偿股权。

除此之外，"对赌"的"赌约"还可以是回购股权，调整公司治理结构（主要针对董事会和管理层），降价增资（投资人以比本轮更低的估值再次增资，获得更多股权），增加权利（如获得更多事项的一票否决权）等，是创业者没达到"对赌"条件所要付出的代价。

但是，如果你做到了呢？

你也可以跟投资人来个反向"对赌"，向他要求奖励。比如，达到一定业绩之后投资人无偿返还一定比例的股权给创始团队作为激励，又或者让他按照约定好的估值追加投资。

"对赌"有利有弊，它可以降低投资人这笔投资的贬值风险，但也可能会使创业者为了完成"对赌"而变得目光短浅，只关注眼前利益，不顾公司的长期发展。

近年来，创业融资的对赌变得越来越少，尤其在科技领域，很多技术出身乃至科学家背景的创始人都比较抗拒"对赌"，而投资人为了获得优质项目，也不得不顺应趋势，放弃"对赌"。

不过，"对赌"中的回购依然是投资人非常重要的退出通道和风险管控手段，一般来说，从 A 轮开始你已经很难去说服投资人放弃回购要求，而且越靠后的轮次越难说服。

优先购买权条款（权益保护性质）

优先购买权又叫优先受让权，是指创始股东或员工持股平台对外转让股权的时候，投资人享有在同等条件下优先购买的权利。

《中华人民共和国公司法》（简称公司法，2018 年 10 月修订）第七十一、第七十二条也对优先购买权进行了规定：

经股东同意转让的股权，在同等条件下，其他股东有优先购买权。两个以上股东主张行使优先购买权的，协商确定各自的购买比例；协商不成的，按照转让时各自的出资比例行使优先购买权。

人民法院依照法律规定的强制执行程序转让股东的股权时，应当通知公司及全体股东，其他股东在同等条件下有优先购买权。其他股东自人民法院通知之日起满二十日不行使优先购买权的，视为放弃优先购买权。

如果投资人没有对优先购买权进行具体的约定，而《公司法》的规定又说得太宽泛，你也可以查阅《最高人民法院关于适用〈中华人民共和国公司法〉若干问题的规定（四）》中第十六～第二十二条关于优先购买权在审判实践中适用法律的内容，当中对行权期限、判断"同等条件"因素、履行程序等问题进行了更详细的规定（请注意时效性）。

优先购买权条款的内容格式参考如下：

优先购买权：

在遵守与执行股份转让限制规定的前提下，本轮投资人对关键人物、持股平台及持股平台上之股东（此时称"转让方"）出售的公司股权享有优先购买权。

若转让方希望向任何第三方（"受让方"）出售其在公司直接或间接持有的全部或部分股权，转让方必须给予本轮投资人一份书面通知（"转让通知"），列明转让方希望出售的股权数量、该等股权的价格、受让方的身份，以及其他与该等拟进行的出售（"拟转股权"）有关的条款和条件。自收到转让通知之日起××日之内，本轮投资人有权向转让方发出书面通知以转让通知所载明的条件和条款购买转让方拟转股权的部分或全部。

如本轮投资人未在收到转让通知后的××个工作日内以书面形式做出任何答复，则应视为其已对转让方在转让通知中说明的出售做出了书面同意，并放弃了本条规定的优先购买权和第××条规定的跟随出售权。

如各本轮投资人拟行使优先购买权购买的拟转股权数量合计超过拟转股权总数，则该等拟行使优先购买权的本轮投资人应当首先协商确定其各自购买的拟转股权比例，协商不成时则根据各本轮投资人在行权时持有公司的相对股权比例分配各自有权购买的拟转股权。

如某一本轮投资人放弃行使全部或部分优先购买权，则对于该本轮投资人放弃优先购买权所对应的拟转股权部分，其他本轮投资人有权进一步行使优先购买权，若拟进一步行使优先购买权的各本轮投资人拟购买的拟转股权数超过放弃优先购买权所对应的拟转股权数，则该等拟进一步行使优先购买权的本轮投资人应当首先协商确定其各自购买的拟转股权比例，协商不成时则根据各本轮投资人在行权时持有公司的相对股权比例分配各自有权购买的拟转股权。

如本轮投资人未行使优先购买权或转让方的拟转股权仍有剩余，前轮投资人有权按本条款行使优先购买权。

当创业者以一定折扣转让老股时，如果投资人依然看好公司的发展前景，那优先购买权就可以让投资人以可能低于当时项目估值的价格增持公司股权，摊薄持股成本，并且增加在公司的话语权（投票权）。

另外，投资人还可以利用这个权利把不喜欢的投资者挡在门外，维护自己在公司的影响力。

从创业者的角度来说，优先购买权没有什么负面影响，因为在同等条件下，无论把股权卖给原投资人还是新投资人，都能实现套现的目的。

优先认购权条款（权益保护性质）

优先认购权与优先购买权只有一字之差，但区别很大。前者针对的是公司增资扩股时发行新股的行为，后者针对的是股东卖老股的行为。

当公司继续融资时，优先认购权使投资人能够优先于其他投资者对公司进行投资。这一条款与公司法第三十四条相对应：

公司新增资本时，股东有权优先按照实缴的出资比例认缴出资。但是，全体股东约定不按照出资比例分取红利或者不按照出资比例优先认缴出资的除外。

优先认购权条款的内容格式参考如下：

优先认购权：

如果公司经股东会决议通过增加其注册资本，则公司应首先书面通知本轮投资人公司希望增加的注册资本的类型和数额（"拟增注册资本"）、拟增注册资本的发行价格和支付时间表等信息，本轮投资人有权按照其各自持有公司的相对持股比例对公司新增的注册资本享有优先认购权。如任一本轮投资人放弃行使全部或部分优先认购权，则就该本轮投资人放弃的优先认购权所对应的拟增注册资本，其他本轮投资人有权按照其各自持有公司的相对股权比例进一步享有优先认购权。

如果本轮投资人未根据其享有的优先认购权认购拟增注册资本的部分或

全部，则公司应有权在此之后的××日内，以不低于书面通知本轮投资人的价格，按不比提供给本轮投资人的条件更优惠的条件，向潜在认购人出售未认购的拟增注册资本。如果出于任何原因，潜在认购人未在上述期限内，以上述价格和条件购买未认购的拟增注册资本并签署该注册资本增资合同，则公司根据上文向潜在认购人的增资发行权应终止，而本条之各项约定应重新适用于拟增注册资本（如公司意欲继续增加其注册资本）。

就市场普遍观点来看，上一轮投资人在本轮融资中继续投资是好事，证明公司发展得很好，给投资人带来了更大的信心。

反稀释权条款（权益保护性质）

反稀释权条款可以分为"完全棘轮法"和"加权平均法"。

完全棘轮法的做法是，如果公司后续融资发行新增股本的认购价格低于本轮投资时适用的转换价格，那么本轮投资人的实际转换价格也要降低至新的发行价格。简单来说就是，投资人当时"买贵了"，现在要按更低的新价格（新估值）重新计算股权比例。这种做法对投资人是100%的保护，因为它只考虑了价格的因素，但发行股份的规模并没有纳入计算。

加权平均法是以股权的加权平均价格重新计算，调整投资人的股权比例。具体做法是取本轮投资时的转换价格和后续融资的发行价格的加权平均值，作为本轮投资人的新转换价格。这种做法把低价发行的股份价格和新发行的股份数量（权重）都纳入考虑范围，起到平衡创业者和投资人双方利益的作用。

对于早期融资，完全棘轮法更为常见，内容格式参考如下：

反稀释权（完全棘轮法）：

（1）本协议签署后，如果公司发行新增股本（包括但不限于新增注册资本或可以转换为公司股权的债权和认购权）进行后续融资（"拟议融资"），并且每一（1）元人民币的注册资本所对应的认购价格（"新认购价格"）低于任一本轮投资人认购公司每一（1）元人民币的注册资本时的认购价格，则该等本轮投资人将有权获得反稀释保护。本轮投资人有权按照新认购价格对其获得公司股权时的单位价格（包括本次转股单位价格和本次增资单位价格）进行调整，进一步获得公司注册资本（简称"额外股权"），以使得本轮投资人获得额外股权后所持有的公司股权的相应单位价格等于新认购价格。各方同意，本轮投资人有权选择并要求实际控制人通过采取下述一种或多种措施实现前述价格调整：

（i）在适用法律允许的前提下，由实际控制人以法律允许的最低价格将其持有的部分或全部公司股权转让给本轮投资人；

（ii）实际控制人向本轮投资人进行现金补偿。在这种情况下，各方应当，并且应促使公司采取适用法律允许的一切行为［包括但不限于投有效赞成票并签署相关决议等文件，并同意放弃其对前述增资或股权转让所享有的包括但不限于优先认购权、优先购买权、跟随出售权等相关权利（如有）］，以完成上述价格调整。

（2）本轮投资人根据本条获得额外股权必须是无偿的。无论届时采用何种反稀释调整方式，实际控制人均应补偿本轮投资人为完成该等调整而需实际支付的转股款、额外股权对应的注册资本、税款及其他经双方确认的合理的成本、费用。

（3）若前轮投资人和本轮投资人享有的反稀释权同时触发，本轮投资人应优先于前轮投资人获得反稀释调整。

非竞争承诺条款（利益绑定性质）

非竞争承诺也就是竞业禁止，目的是把实际控制人和关键人物与公司捆绑在一起，防止他们"另起炉灶"去做与公司相同或相近的业务，造成竞争，损害公司利益。

非竞争承诺条款的内容格式参考如下：

非竞争承诺：

关键人物不可撤销地承诺，除实际控制人外的其他关键人物自本协议生效日起××年内，实际控制人自本协议生效日至本轮投资人不再持有公司任何股权期间，除非经本轮投资人事先书面同意或已在投资协议披露函中披露，否则关键人物或其关联方不得，且关键人物应尽其最大努力促使核心人员或其关联方不得：

（1）在中国境内和境外，单独或与他人，以任何形式直接或间接从事或参与，或协助从事或参与任何与公司经营业务构成竞争的业务或活动；

（2）在中国境内和境外，以任何形式支持公司以外的第三人从事或参与任何与公司经营业务构成竞争的业务或活动；

（3）以其他方式介入（不论直接或间接）任何与公司经营业务构成竞争的业务或活动；

（4）以雇用为目的联络、接触或劝诱，或直接雇用公司的现雇员或管理人员；

（5）直接或间接持有任何与公司经营业务构成竞争的其他主体的股权，或于该等主体任职；且

（6）从事或参与同公司所开发的新业务、项目或活动构成竞争的业务、项目或活动。为免疑义，投资上市公司股票不受该条限制。

如关键人物、核心人员或其关联方违反本条的规定在其他公司（"新公司"）持股并经营竞争业务的，其在新公司所形成的所有收益应归属于公司所有，同时本轮投资人有权以零对价或其他法律允许的最低对价进一步获得新公司发行的相应比例股权，或者要求关键人物、核心人员或其关联方以零

对价或其他法律允许的最低价格向本轮投资人转让其对新公司持有的股权，并有权要求关键人物、核心人员或其关联方以其他法律允许的方式补偿本轮投资人所需支付的本协议以外的额外费用，以使得新公司成立后本轮投资人持有与所持公司股权比例相同的股权权益。

关键人物不可撤销地进一步承诺，除实际控制人外的其他关键人物自本协议生效日起××年内，实际控制人自本协议生效日至本轮投资人不再持有公司任何股权期间，无论关键人物、核心人员的劳动、社保关系是否与公司建立，关键人物、核心人员对公司负有勤勉尽职的义务，其应贡献全部工作时间和精力服务于公司，为公司及其股东创造最大利益。关键人物、核心人员在本协议生效日后××年内不能主动从公司离职，因达到法定退休年龄而离职的或经本轮投资人同意的其他原因离职的除外。若在此期间离职，则离职后××年内不得从事或投资任何与公司竞争的业务。非经本轮投资人的书面同意，关键人物、核心人员不在其他公司或实体担任管理性职务，亦不以任何方式（包括设立新的企业）从事其他兼职或投资经营其他公司或实体。若任一前述人员违反前述勤勉尽职义务，本轮投资人有权要求该人员辞去在其他公司（实体）担任的职务或将其持有的对外股权投资的份额转让给与其无关联关系的第三方。同时，公司方应尽最大努力促使公司其他核心人员履行前述勤勉尽职的义务。

关键人物不可撤销地进一步承诺，关键人物应当并尽最大努力促使核心人员对与公司有关的所有保密信息（包括但不限于通常不为公司以外的人所知晓、未在公共领域被正当公开的公司的商业信息、财务信息、技术资料、生产资料以及会议资料和文件等）承担保密义务，并且对于其在公司提供服务期间或离职后××年内，因执行公司的任务或从事公司的生产经营活动以及运用公司所有或提供的技术条件完成的技术成果的所有权、使用权、转让权等应归属公司。

非竞争承诺是很合理的条款，创业者本来就应该全心全意为公司的发展做出努力。

不过，你依然需要注意，不一定所有团队成员都愿意接受这样的条款。比如，投资人要求全部关键人物5年内不能离开公司，那持股最少的创始股东就有可能不答应。

我帮一位客户融资的时候就碰到过这样的情况，一位联合创始人对这么长时间的约束非常抗拒，当时我与创始人一起做了很久的思想工作才说服他。

股权转让限制条款（利益绑定性质）

投资人愿意投资你的公司肯定有一部分原因是看好你和你的团队，但是如果你们在投资人退出前就先抛售自己的股权，就会严重打击到投资人的信心，除非你们有充分的理由（比如转让少量股权套现解决生活压力）。

所以，为了让创业者不忘初心，勤勉尽责地经营公司，降低"人"这个维度的风险，投资人会与创业者约定股权转让限制条款。

事实上，即使投资人没有设置股权转让限制条款，股东转让股权的行为也会受到公司法第七十一条的约束：

股东向股东以外的人转让股权，应当经其他股东过半数同意。股东应就其股权转让事项书面通知其他股东征求同意，其他股东自接到书面通知之日起满三十日未答复的，视为同意转让。其他股东半数以上不同意转让的，不同意的股东应当购买该转让的股权；不购买的，视为同意转让。……公司章程对股权转让另有规定的，从其规定。

股权转让限制条款的内容格式参考如下：

股权转让限制：

在本轮投资人不再持有公司任何股权或公司合格上市之日（以较早发生者为准）前，除非取得本轮投资人的事先书面同意，否则关键人物、持股平台及持股平台上之股东不得将其直接或间接持有的公司股权、收益权直接或间接向公司方外第三方进行出售、赠予、质押、设定产权负担或以其他方式加以处置。任何关键人物、持股平台及此平台上之股东违反本协议第五条之约定而处置其持有的公司股权应属无效。

但核心人员之间、核心人员与持股平台之间的股权转让，以及用于经适当批准的员工激励的股权转让不受该条限制。

为明确起见，公司合格上市前，本轮投资人拟向公司股东外的其他方转让全部或部分股权时，应提前通知实际控制人（通知内容包括本轮投资人希望出售的股权数量、该等股权的价格、受让方的身份，以及其他与该等拟进行的出售有关的条款和条件），实际控制人有权在收到通知之日起三十日内决定是否在同等条件下行使优先购买权，若实际控制人明确表示放弃优先购买权，或逾期未答复，或未以其自身或其指定主体作为受让方与本轮投资人在三十日内签署股权转让协议的，则本轮投资人有权向公司股东外的其他方转让。本轮投资人外的其他股东及公司应对本轮投资人的上述转让予以支持与配合。

股权转让限制的限制对象以创始股东和员工持股平台为主，目的是防止创业者中途抛售股权。

如果要在这个条款上给自己争取有利的条件，你可以跟投资人约定一个股权转让限制的期限，比如本轮融资后的3～5年；或者约定一个转让的比例，比如在不引起公司控制权变更的前提下，允许在一定的范围内（比如3%～5%）对外转让股权；又或者反过来对投资人的对外转让进行限制，比如要求投资人只能把股权转让给关联方，而不能转让给公司的竞争对手。

第39讲　退出期条款：本金与回报

投资机构主要通过在二级市场上市，在一级市场进行并购、转让和回购，或者清算（包括解散和破产）退出已投项目。

这些是非常重要的项目退出通道，所以投资人设置了相应条款，以保障投资本金的安全和投资回报的确认。

合格上市条款

合格上市条款属于合理条款，它的内容格式参考如下：

合格上市：

各方意识到公司为实现上市进行股改之后，投资人可能被中国证券监督管理委员会（"证监会"）或证券交易所要求修改或放弃本协议及公司章程授予的全部或部分优先权利（"被要求终止的优先权利"）。在这种情况下，在符合适用法律和不影响公司上市计划的前提下，各方应当尽最大努力采取各种合法安排，包括但不限于届时股东之间的特别承诺或者约定，确保投资人继续享受上述提及的优先权利。各方一致同意，投资人享有的上述被要求终止的优先权利自公司向证监会或证券交易所递交正式上市申报材料时自动中止。若公司上市申请被否决或上市申报材料被撤回，或在提交上市申报材料后××个月内或者投资人认可并经公司方确认的其他时间内公司未完成上市，则自否决之日或撤回之日或前述期限届满之日起该等条款的效力即自行恢复，且对中止期间投资人于本协议项下的相应权益具有追溯力，有关期间自动顺延，但已经发生或履行完毕的交易行为或事项无须回转，投资人不得提出已发生或履行完毕的交易行为或事项恢复发生或交易前状态的权利主张。

上述内容的意思大概是如果公司要去上市了，证监会或证券交易所有要求，那些优先权利投资人能要就要，不能要就算了，不能影响上市。

但是，如果上市不成功，那所有条款约定的权利投资人都得拿回来，而且还可以在中止期间进行追溯。

拖售权条款

拖售权也称领售权或强制出售权，它赋予了投资人在满足约定条件的前提下，可以要求公司其他股东一起把股权出售给第三方的权利，简单来说就是享有拖售权的投资人可以把你的公司卖掉。

拖售权条款的内容格式参考如下：

拖售权：

在投资人持有公司股权期间，如果第三方拟购买公司的全部或50%以上股权或全部或实质性全部的资产或业务（统称为"整体出售"），而投资人和实际控制人一致批准整体出售，则其他股东应同意按照相同的条款和条件出售或转让其持有的全部或部分公司股权，或支持公司出售其全部或实质性全部的资产或业务，包括但不限于在股东会和/或董事会上投赞成票通过出售公司股权/资产的决议、签署相关股权/资产转让合同、办理相关工商变更手续等。

上述内容格式采用的行权主体是"投资人和实际控制人"一致批准，实际控制人拥有一票否决权，属于较为温和的做法。

如果投资人比较强势，则会提出可以单方面行权的要求，不需要经过其他人的同意就可以强制卖掉公司。

还有一种做法是"特定投资人和一定比例的股东"共同同意，适用于已经完成多轮融资、股权比较分散的项目，约定在特定投资人和有二分之一或三分之二以上投票权的股东同意的时候，即可触发拖售权。"饿了么"在2018年被阿里巴巴收购时就是通过这种机制完成的。

如果你不在行权主体里面，面对这种情况可以有两个选择，一是明确回复同意或不回复，结果都相当于同意转让；二是明确回复不同意，但是会被要求以同等条件购买行权主体的全部股权。

拖售权条款采用哪种行权主体进行决策取决于创业者和投资人之间的博弈，看谁更有谈判的筹码，很难用个案或者市场普遍做法来做衡量标准。

对于大部分投资人来说，他们仅是公司里的小股东，要找到其他投资人接盘，通过转让小比例股权是比较困难的，但一旦有了可以单方面行权的拖售权，那就能够通过公司控制权的转移去满足一些产业资本或大公司的并购需求，更容易把股权转让出去，大大提高了退出成功率。

可以看到，拖售权其实是为投资人设置了一个退出的通道，让他有可能用小比例股权撬动整个公司，把控制权打包售出，是一种掌握公司命运的重要权利。

除了拖售权的行权主体外，你还需要特别关注它的触发条件，比如：

（1）第三方收购：第三方拟购买公司的全部或50%以上股权或全部或实质性全部的资产或业务（即内容格式中的触发条件）；

（2）第三方收购＋最低估值：在第三方收购公司控股权的基础上，设置出售公司的最低估值，达到这个估值才能触发拖售权；

（3）时间期限：与投资人约定在交割完成后一定期限内不能行使拖售权，避免投资人一进来就卖掉公司；

（4）时间期限＋最低估值：顾名思义，与投资人约定在一定时期后，且在不低于一定估值的前提下，才能触发拖售权。

拖售权对创业者最大的影响是"失去公司"。

如果你也有退出的想法，想顺势借用投资人的渠道完成个人退出，实现财务自由，那这个条款对你来说就是好事。

但是，如果你不想失去自己辛苦打拼下来的事业，却没有把自己加入行权主体，拥有否决权或表决权的话，那你就可能会失去对公司的控制权，甚至在没有锁定最低估值的情况下公司还可能会被"贱卖"。

正因为拖售权事关"身家性命财产"，所以大部分创业者都非常抵触，使得它没能成为必备条款，给谈判留下了很大的回旋余地。如果可以，我当然建议你不要接受拖售权条款。但如果投资人太强势，你不得不进入拖售权的细节谈判，那我给你以下几点建议：

（1）相比美元基金，人民币基金不会那么强调拖售权；

（2）从投资人的整体操盘能力方面入手，看他是不是可以为全体股东寻求到更好的退出路径，提出质疑，争取去掉拖售权条款；

（3）争取把自己列入行权主体内，获得否决权或表决权；

（4）设置一定的触发条件，比如期限、估值、不得出售给竞争对手或投资人的关联方等，提高投资人的行权门槛，同时也为自己的利益铺上一层安全垫。

跟随出售权

跟随出售权又称随售权或共售权，意思是如果你要向第三方卖股权，投资人可以按照约定的比例跟着你一起卖，跟随出售权条款的内容格式参考如下：

跟随出售权：

转让方在满足股权转让限制和优先购买权的前提下转让其股权的，本轮投资人有权但无义务要求转让方或受让方以转让通知中载明的价格和其他条款和条件向其购买一定数量的公司股权（"跟售权"），计算公式如下：

跟售的股权数量最大值 = $A \times B$

其中：

A = 转让通知中载明的拟转让的公司股权数量

B = 本轮投资人届时持有的公司股权数量 /（拟行使跟售权的所有投资人届时持有的公司股权数量 + 转让方届时持有的公司股权数量）

如本轮投资人未行使跟售权，前轮投资人有权按本条款行使跟售权。但是当关键人物、持股平台及持股平台上之股东的股权转让导致实际控制人对公司的控制权变更时，如果本轮投资人和前轮投资人放弃行使优先受让权，则本轮投资人和前轮投资人有权按其届时持有公司的相对股权比例将其持有的公司全部或部分股权按照相同条件优先转让给受让方。

跟随出售权的限制对象一般是创始股东和员工持股平台，这样做既是基于"投资即投人"的理念，让创业者卖股权的时候需要"搭售"投资人的股权，起到一定的阻碍作用，又能够为投资人创造一个退出通道，跟着创业者一起套现部分股权，在一定程度上降低投资风险。

内容格式中的跟随出售股权数量计算公式是以投资人不行使优先购买权为前提设定的，如果投资人行使优先购买权，计算公式就会变成：

跟售的股权数量最大值 = (A–C) × B

其中：

A = 转让通知中载明的拟转让的公司股权数量

B = 本轮投资人届时持有的公司股权数量 /（拟行使跟售权的所有投资人届时持有的公司股权数量 + 转让方届时持有的公司股权数量）

C = 投资人行使优先购买权的股权数量

此外，还有一种计算方法是，在不改变创始股东转让的股权数量的基础上，要求受让股权的第三方按照投资人的持股比例，额外购买投资人的股权，相当于增加了第三方的资金要求，要它买更多的股权。

关于跟随出售权，需要注意哪些地方呢？

如果担心投资人要求第三方买更多股权，给交易设置障碍，你可以主动出击，要求投资人的跟随出售股权数量按前两种方法进行计算。

此外，你还可以跟投资人明确在哪些情况下可以不受跟随出售权的约束。比如，公司上市所涉及的股权转让，根据估值调整、反稀释权等条款需要进行的股权调整，按计划实施的员工股权激励，不导致控制权变更的核心人员之间或核心人员与持股平台之间的股权转让等。

最后，如果你足够强势，还可以给投资人行使跟售权设置一些前提条件。比如，在完成交割后满12个月投资人才能行使跟售权，每次行使跟售权的股权数量不超过投资人持股总数的20%。

跟随出售权是必备条款之一，除非投资人没有提出，否则你很难把它去掉。不过，你依然可以用上面的办法来修改条款内容，让条款对自己更有利。一般来说，跟随出售权不是谈判的难点，双方在这上面产生分歧的情况不多见。

退出优先权条款

退出优先权允许投资人在公司后续轮次的融资中有权优先选择把持有的股权卖给新的投资人，退出优先权条款的内容格式参考如下：

退出优先权：

在公司合格上市前的后续轮次融资中，本轮投资人均有权优先选择以向新投资人转让全部或部分股权的方式实现退出，但应提前通知实际控制人（通知内容包括本轮投资人希望出售的股权数量、该等股权的价格以及其他与该等拟进行的出售有关的条款和条件），实际控制人有权在收到通知之日起三十日内决定是否在同等条件下行使优先购买权，若实际控制人明确表示放弃优先购买权，或逾期未答复，或未以其自身或其指定主体作为受让方与本轮投资人在三十日内签署股权转让协议，则本轮投资人有权向上述新投资人转让。除本轮投资人外的其他股东及公司应对本轮投资人的退出予以支持与配合。

对于投资人来说，退出优先权提供了一个较为灵活的一级市场退出通道，尤其是在基金快要到期清算的情况下，让他能够及时收回投资本金并获得回报，保证基金出资人的收益分配。

对于创业者来说，退出优先权相当于减少了公司新一轮的融资额度，因为原投资人把股权直接转让给新投资人得到的资金是从总的融资额度里"割"出去的，这笔资金最后并没有进入公司，而是落进了投资人的口袋。公司融到的钱变少了，可能会影响下一步发展计划。

面对这种情况，你可以多找一些投资人，把新一轮的融资计划拆分为"转股＋增资"两部分的一揽子交易。这样既能让转股部分满足原投资人的退出需求，又能用增资部分满足公司的发展计划，平衡双方利益。

回购权条款

回购权又称赎回权，属于"对赌"的一种形式，是指如果触发约定条件，投资人有权要求公司，或实际控制人，或经营性股东，按照约定的价格赎回投资人所持有的全部或部分股权。

与退出期的其他优先权条款一样，回购权条款也是为了保障投资人投资资金的安全。毕竟，大部分用来投资的钱并不是投资人自己的，而是募资回来的，如果没有审慎的资金安全保障措施，投资人也很难向出资人们交代。

设置回购权的另外一个目的是，通过要求回购投资人的股权来释放基金的存续期限压力。在基金到期的时候，还没有完成退出的项目会严重影响基金的资产处置和收益核算，从而影响基金出资人的投资回报，所以投资人要设置回购条款来增加退出的通道。

回购权条款是绝大部分投资机构都会设置的条款，但它也有一定的细节谈判空间。

对于回购权条款中的回购义务人，一般有三种选择：

（1）公司：仅约定公司作为回购义务人的做法多见于境外的股权交易中，境内公司因为受到公司法关于回购的强制性条件约定的限制，再加上一些否定公司承担回购责任的判决先例，投资人对仅以公司作为回购义务人的做法并不能完全放心；

（2）实际控制人/经营性股东：约定由实际控制人或经营性股东（即创业团队）承担回购义务并不罕见，不过与公司相比，很多时候个人的支付能力和可被执行能力更弱一些，除非实际控制人或经营性股东具有足够的回购能力，否则回购权条款就是威慑大于实际执行；

（3）公司+实际控制人/经营性股东：这种组合方式也较为常见，对于投资人来说相当于上了个双保险。

对于回购的触发条件，包括但不限于：

（1）上市：在约定期限内完成上市这个触发条件是回购条款中的"常客"，期限多在2～5年，投资人在二级市场上退出，皆大欢喜；

（2）核心人员重大违约行为：如核心人员主要时间精力不用在公司经营上，出现不诚信行为，严重违反承诺和保证，侵犯投资人权利等；

（3）在约定时间内没有实现盈利目标：这相当于业绩对赌目标未完成。

对于回购的价格，常用的计算方式有以下几种：

（1）投资款×年化利率（一般是8%～12%）；

（2）投资款×年化利率+已宣布但未支付的股息－已经获得的股利分红以及已转让公司股权所获收益；

（3）投资款×约定倍数；

（4）投资款×约定倍数+已宣布但未支付的股息－已经获得的股利分红以及已转让公司股权所获收益；

（5）市场公允价值。

很多创业者在回购权条款上都要用不少的时间与投资人进行细节谈判，因为这多少有点"赌身家"的味道，是所有条款中最严峻的考验，没有之一。如果你是第一次融资，估计也会被这个可能让你"倾家荡产"的风险折磨得辗转反侧、纠结不已。

对于回购条款，我建议你务必要谨慎衡量风险，并且注意以下几点：

（1）尽最大努力减少触发条件的数量，哪怕一条都好；

（2）对于上市这一触发条件，尽量延长约定期限，越长越好；

（3）对任何的触发条件，务必要求律师把内容表述得非常客观并且具备可执行性，比如以"违反陈述和保证"作为触发条件就显得过于宽泛和主观；

（4）争取不要个人承担连带责任，跟投资人谈判，把回购的义务缩减到所持股权的收益范围之内（包括分红及处置股权的收益）；

（5）创始人承担回购义务的前提是其持续实际控制公司并且主导运营，所以要注意出现权力被架空或被踢出公司后还要继续承担回购义务的风险，这种不对等的情况要尽量通过设置前提条件（如创始人要一直是公司实际控制人或董事长）来规避；

（6）如果你离开了公司，一定要跟投资人签署协议，终止之前所有个人承担连带责任的条款和协议；

（7）如果这轮融资是种子轮⊖或天使轮，不妨直接拒绝回购条款。

回购权条款的内容格式参考如下：

回购权：

回购事件

发生下列任一事件（以较早者为准）之后，本轮投资人有权要求本轮回

⊖ 种子轮，就是种子融资，此时公司处于萌芽期，不具有规模。

购事件赎回方（定义见下文）根据第××条约定的条款和条件赎回部分或全部本轮投资人所持有的公司注册资本：

（1）公司在本协议生效日之后的××个月内仍未完成合格上市或被并购，或公司已连续××个月实质非正常运营，或公司已进入清算流程；

（2）公司的实际控制人的主要时间、精力不再用于公司的营运，或在本协议生效后××年内除实际控制人外的两名或两名以上关键人物的主要时间、精力不再用于公司的营运（因达到法定退休年龄而离职的或经本轮投资人同意的其他原因离职的除外）；或

（3）公司、实际控制人或关键人物发生违反或侵犯本轮投资人的知情权、优先清算权、否决权、优先认购权、跟售权、优先购买权、反稀释权、股权转让限制、对本轮投资人的特别承诺和保证等违约行为，且在本轮投资人书面通知该等违约情形后的××天内仍无令本轮投资人满意的改进。

若公司在本协议生效日之后的××个月内未完成合格上市或被并购，则本轮投资人应在该等触发回购事件发生后××个月内（"行权期限"）向公司方提出回购要求；为免疑义，若本轮投资人未在行权期限内行使回购权，且公司方未触发第××条约定的其他回购事件，则本轮投资人在行权期限届满后无权提出回购要求。若发生未按期完成合格上市或被并购外的其他触发回购的事件，则本轮投资人行使回购权不应受上述行权期限的限制。

回购价款

如发生第××条所述的触发回购的事件，本轮投资人有权要求实际控制人和/或关键人物（"本轮回购事件赎回方"）在本轮投资人提出回购要求后的××个月（"目标赎回期"）以内，以下述回购价款（"回购价款"）以现金收购本轮投资人届时所持的全部或部分公司股权（"回购股权"）。

（1）若触发第××(1)条所述回购事件，则回购价款＝本轮投资人获得公司每一元注册资本的加权平均价格（即人民币××元）×本轮投资人要求赎回方

回购的公司注册资本数量×（1+8%×N）－本轮投资人已经获得的股利分红以及已转让公司股权所获收益，其中N=自本轮投资人实际缴纳投资款之日起至本轮投资人收到回购价款之日的天数/365。若按此计算结果小于零，则该条款无效。

（2）若触发第××(2)～(3)条所述回购事件，则回购价款=本轮投资人获得公司每一元注册资本的加权平均价格（即人民币××元）×本轮投资人要求赎回方回购的公司注册资本数量×（1+12%）^{N}－本轮投资人已经获得的股利分红以及已转让公司股权所获收益，其中N=自本轮投资人实际缴纳投资款之日起至本轮投资人收到回购价款之日的天数/365。若按此计算结果小于零，则该条款无效。

若触发第××(1)条所述回购事件，实际控制人应承担全部回购责任；若触发第××(2)～(3)条所述回购事件，关键人物应按照持股比例承担连带回购责任。若前轮投资人和本轮投资人享有的回购权同时触发，本轮投资人与前轮投资人有权以相同顺位获得足额回购价款。

优先清算权

优先清算权是指公司发生清算事件的时候，投资人有权优先于其他股东获得清算收益。清算事件可以分为法定清算事件和视同清算事件。公司法中规定了5种法定清算事件，包括：

（1）公司章程规定的营业期限届满或者公司章程规定的其他解散事由出现；

（2）股东会或者股东大会决议解散；

（3）因公司合并或者分立需要解散；

（4）依法被吊销营业执照、责令关闭或者被撤销；

（5）公司经营管理发生严重困难，继续存续会使股东利益受到重大损失，通过其他途径不能解决的，持有公司全部股东表决权百分之十以上的股东，可以请求人民法院解散公司。

除了法定清算事件，投资人还会约定一些视同清算事件，比如公司被兼并或收购，公司出售大部分的资产或业务，实际控制人的控制权发生变化，知识产权被独家授予他人等。这些事件可能导致投资人投资之初的核心要素发生变化，原有条款的约定无法继续发挥作用，投资人可以通过优先清算权及时退出。

对于大部分创业公司来说，最有可能发生的清算事件是因为经营发展不及预期、资金链断裂而导致的破产清算。虽然这是投资人最不愿看到的，但客观数据早就告诉我们创业失败是大概率事件，投资人也不得不做好最坏的打算。

当公司真的走到破产清算时，剩余财产可能已经所剩无几，但是投资人当初用高溢价换来的股权只占很小的比例，如果按持股比例进行分配，投资人能够分到的清算资产将会非常少。优先清算权使投资人可以优先于其他股东获得足额分配，尽量收回投资成本，减少损失。

一般来说，优先清算权的分配方式是：

优先清算收益＝投资本金＋年化收益（通常按投资机构的内部收益率计算，8%～15%）＋已宣布但未分配利润＋二次分配收益

基本上，为了在任何分配情况下都做到利益最大化，投资人会在以投资本金作为底线的基础上，力争其他优先清算收益。

会出现什么分配情况呢？

一般有两种，一种是如果公司剩余财产按股权比例分配，投资人可以分到的财产金额低于优先清算收益，那就先把投资款分给投资人，还有剩余的话其他股东再按股权比例进行分配；另一种是剩余财产按股权比例分配后投资人得到的收益已经超过优先清算收益，那投资人就可能进入优先清算收益以外的剩余清算资产的二次分配。

二次分配可以有3种方式,包括:

(1)投资人不参与二次分配;

(2)投资人按设定的金额上限参与二次分配;

(3)投资人按所持股权比例参与二次分配。

对于已经多次融资的项目来说,投资人有好几批,如果大家都有优先清算权,那应该先分给谁呢?

这个时候就要按"后进先出"的基本原则来执行,也就是后轮次的投资人比前轮次的投资人优先获得清算收益。

为什么是"后进先出"?优先清算收益不是应该先给承担更大风险的早期投资人吗?

并不是。上面所谓的风险是针对创业风险而言,但是,随着公司估值的增长,轮次越靠后的投资人所付出的资金成本越高,投入的资金量越大;而早期投资人在公司历轮融资中有很多机会可以通过减持收回投资成本,投资风险是递减的。所以,"后进先出"更符合股权投资的风险逻辑。

优先清算权是必备条款之一,基本上没有投资人会做出让步,而你也不必纠结要不要接收这个条款,只需要注意下面的细节,为自己争取更多的利益即可:

(1)明确并理解每一条清算事件,如果有超出交易惯例的,果断拒绝;

(2)尽量压缩投资人主张的优先清算收益金额,比如只保留投资本金,或者调低年化利率,又或者不参与二次分配等。

优先清算权条款的内容格式参考如下:

优先清算权:

分配原则

在公司发生任何清算事件的情况下,公司的资产根据适用法律规定的优先顺序支付清算费用和偿还公司的债务(包括有关员工及税务责任)后,剩余的资产（"可分配资产"）根据下述原则进行分配：

（1）若公司剩余财产由全体股东按股权比例分配进行计算，本轮投资人可分得财产金额低于投资款（即××元），则本轮投资人应优先于其他股东以现金形式获得其全部投资款金额，扣除上述款项后公司剩余可分配资产由全体股东（不含本轮投资人）按股权比例进行分配；

（2）若公司剩余财产由全体股东按股权比例分配进行计算，本轮投资人可分得财产金额大于投资款（即××元），则公司剩余可分配资产由全体股东（含本轮投资人）按股权比例进行分配，且本轮投资人应优先于其他股东以现金形式获得足额分配。

分配调整

（1）如果届时适用法律、相关政府部门不支持上述关于公司可分配资产的分配方案、顺序或由于其他原因导致第××条（分配原则）所述的可分配资产的分配方案、顺序无法实行，则应按照各股东的股权比例向股东进行分配，如届时本轮投资人所获得的少于按照本协议第××条（分配原则）中约定应享有的金额，则应由实际控制人在所获分配范围内连带地向本轮投资人进行补偿直至本轮投资人足额获得其按照第××条（分配原则）应获得的金额。实际控制人的上述补偿责任应以其在公司的股权价值为限。

（2）如（A）根据第××条（回购权）赎回方回购本轮投资人的股权后，本轮投资人所实际获得的回购价款低于其根据第××条（回购价款）计算的金额；或者（B）发生清算事件时，本轮投资人获得的可分配资产低于其根据第××条（分配原则）计算应分得的金额，则如实际控制人从事任何新项目，本轮投资人有权在该项目中无偿取得与本次投资在公司中取得的比例相同的权益。

任何兼并、收购、改变控制权、合并或导致实际控制人不再享有公司多数表决权的交易行为，或者公司出售、出租其全部资产、知识产权或将其独家授权予他人，均构成第××条和第××条意义上的清算、解散或结束营业。

第11章 融资谈判

这是一场正和博弈

第40讲 谈判准备：正确的认知与科学的心态

当你拿到投资人给的投资条款协议或正式协议之后，就代表融资的谈判正式开始了。恭喜你！终于来到这个最费神的环节。

谈判的本质是解决利益冲突。融资谈判就是在你要这样，投资人要那样的时候，大家坐下来好好谈谈，达成共识，解决掉这个"要"的问题，达到"双赢"。

在这一章的前三讲中，我会运用汤君健老师的谈判方法论，向你介绍怎样与投资人展开融资谈判，在双赢的基础上，为自己争取最大利益；而最后一讲则会告诉你，怎样制定全局策略去赢下整场"战争"。

工欲善其事，必先利其器，我们在做任何事情之前都应该做好准备。融资谈判要做些什么准备呢？

首先，你需要对融资谈判有一个正确的认知，包括以下5点。

明确和坚持诉求

既然谈判是解决"要"这个问题,那站在创业者的角度,你得先搞清楚自己到底要什么,也就是明确诉求。

在融资这件事上,你可以要钱、要背书、要资源、要智慧等。但是,不管要什么,你最好只选择其中一个作为最核心的诉求,不能什么都要。

明确了最根本的诉求之后,你还要做到在谈判中坚持这个诉求不动摇。比如,如果你的诉求是钱,就不要介意投资人是不是有名气;如果诉求是足够多的钱,就让投资人把钱出到位了再提回购;如果诉求是背书,就把不符合的投资人过滤出去;如果诉求是战略投资人的资源,就不要被财务投资人给出的高估值诱惑。

坚持自己的诉求,对投资人展示强势并不是一件容易的事,尤其在你非常迫切想要融资的时候,你会因为害怕引起冲突导致交易流产而做出一些心不甘情不愿的让步。但是,在融资谈判中让步并不能解决冲突,只有向前争取才能实现利益。

清楚自己和了解对手

怎样向前争取呢?

这需要你提前做好功课,利用可能影响谈判的因素,灵活运用谈判策略。

《孙子兵法》有云:"知己知彼,百战不殆。"融资谈判前,你至少需要做两方面的功课,一是清楚自己,二是了解投资人。

明确诉求是清楚自己的第一步,这个你已经知道了。第二步则是在已经明确诉求的基础上,制订一个计划,梳理清楚哪些条款可能超过你的底线,对哪些条款可以做出让步,能够让步到什么程度。

制订计划的好处是让你在谈判的过程中有清晰的战略指引,知道什么时候进攻，什么时候防御，掌控节奏，不会被"要尽所有好处"的个人情绪牵着走，也不会被投资人牵着走。

清楚自己之后，你还要花些时间了解谈判对手的情况，包括投资机构的决策机制与流程、条款风格、在市场上的口碑、与被投项目团队相处是否和谐，以及投资人的履历背景、专注领域、项目案例、投资偏好、对商业的认知、做事风格、在投资决策中的话语权，甚至兴趣爱好等。这些信息有些很容易获取，比如上网一搜就有，有些则需要从其他信息渠道侧面了解，还有些需要在接触和协作中细心观察发现，或者在必要的时候直接提问。

利用多元因素，灵活运用策略

当你清楚了自己，也了解了投资人之后，就可以利用可能影响谈判的因素去灵活运用各种策略了。能够影响谈判的因素是多元的，比如各自的立场和需求、个人性格、双方关系、谈判中的情绪和气场、议程的安排等。

影响因素是多元的，你能够运用的谈判策略也是多元的。

举几个简单的例子。如果投资人的投资意愿比较强烈，或者有多家机构同时竞争你的项目，那你不妨强势一些；为了在某些条款上给自己争取更多利益空间，在投资人在意的条款上适当让步，以此作为交换；当投资人说这是市场惯例时，你可以用"摆事实，讲道理"的方式来回应，说明白为什么通用做法不适用于个体案例。

做好信息交换和信息加工

运用谈判策略，重点在于"谈"，这是一个"你来我往"的沟通过程，你需要不断进行信息交换和信息加工。

信息交换是指在沟通中不断刺探对方的需求，获取更多信息让局势透明；而信息加工需要你换位思考，找到投资人背后的潜台词和真正意图。

比如，都是跟老板砍价的情况，有的人是为了省钱，有的人是为了占便宜，还有的人可能纯粹是为了获得砍赢后的成就感。那在投资人跟你谈估值的时候，他到底是为了获得更低的购买价格，还是因为职责所在必须要砍价，又或是为了让你在其他条款上让步而使用的交换策略呢？

找出投资人的真正意图，你才能"对症下药"。

联手找到解决方案

请注意，灵活运用谈判策略争取利益并不是让你去打垮对手，而是要和对手联手找到解决方案。

对于条款谈判，你的目标是融资成功，投资人的目标是投资成功，两个目标的结果是完全一致的。当目标达成的时候，就是你们长期关系的开始。也就是说，融资博弈是重复博弈，而条款谈判只是其中的一场，以后你和投资人相处的时间还很长，他可能会一直陪伴你走到公司上市，甚至更远。

所以，不要把融资谈判变成"你多一点，他就少一点"的零和博弈，这会让对方感觉到不公平，不利于日后的共事和团结。说不定，在以后公司的某些关键决策上，投资人就会用一票否决权来"回敬"你一记重拳。

不过，你也不用太担心，专业的投资人都能掌握好分寸和边界，因为对他来说，"投资你"只是他要达成的众多目标之一，在这场交锋之外还有很多问题需要他去考虑，比如机构内的形象、市场中的名声等。

以上，就是我希望你能够建立的 5 点正确认知。接下来，我还要给你介绍在融资谈判中应该具备的两种科学心态。

没有非成交不可的谈判

前面说到要与投资人来一场"双赢"的谈判，这个双赢不是指相谈甚欢、一团和气，也不是要求你为了长期关系而忍气吞声。

事实上，创业者和投资人是一种平等的合作关系，你和他都获得价值才是双赢。如果你为了拿到钱而对投资人做出巨大的利益让步，那这场融资谈判从一开始你就已经输了。

所以，你要建立的第一种科学心态就是"没有非成交不可的谈判"。也就是说，既要坚持自己的诉求，也要为对方的利益考虑，同时还要有离开谈判桌的准备。

不过要注意，很多时候投资人比你更有随时离桌的底气，所以你就要做好评估，看这个可能性有多高，比如投资人是不是做好了替代方案，不投你就会转去投你的竞争对手。

你可能会觉得，又要为自己争取利益，又要和投资人达到双赢，好像很矛盾。

这个时候，你就需要第二种科学心态。

对事不对人

如果你总觉得对方太贪婪了，太过分了，就很容易会陷入立场和情绪之中，导致言语或行为失控。要知道，谈判中出现意见冲突是很正常的事，这只是因为你们暂时没有办法满足对方的诉求而已。

当然，融资对于每个公司来说都是头等大事，谈判的时候你难免会面临巨大的压力。如果你感觉心态有点崩，或者投资人好像要失控了，不妨主动喊停，来个中场休息，让大家都舒缓一下情绪，理清一下思路，避免意气用事。然后，下半场再接再厉。

第41讲 谈判技巧：价格类条款怎么谈

融资谈判主要是围绕投资协议和股东协议展开的条款谈判，这些条款可以分为价格类条款、条件类条款以及价格和条件混合类条款。这一讲，我跟你说说价格类条款应该怎样谈。

说到价格类条款，你第一个想到的应该是估值。下面就以谈估值为例，从准备、报价、还价三个阶段来看看有哪些谈判技巧可以提升你的谈判能力。

其他涉及价格计算的混合类条款内容，可以参照运用。

准备

你已经知道谈判前要明确自己的诉求了，所以在估值这一条款上，你需要定下一个心理底价和目标价格。

什么是心理底价？

心理底价就是你能接受的最低估值，或者是你的机会成本。比如，你拥有行业内最为领先的技术，觉得公司第一轮融资的估值如果低于5000万元就接受不了，对不起那么多年的辛苦研发，那5000万元就是你的心理底价。又比如，接触的投资人当中已经有人表示愿意接受5000万元的估值了，那你跟其他投资人做交易的机会成本就是5000万元，你能接受的价格就不能低于这个数。

那什么是目标价格呢？

目标价格就是你努力跳一跳可以够得着的价格。你在制订公司今年发展计划的时候，相信也是在去年的基础上定一个有可行性的增长目标，而不是不切实际地幻想着一飞冲天。同样地，估值的目标价格也要客观、合理。你可以看看同类型、同阶段、同轮次项目的估值是多少，参考市场价，再结合公司的实际情况来最终设定。

比如，发展阶段比你领先一两年的竞争对手，在你现在这个轮次的融资估值是 8000 万元，那 8000 万元就是成交案例的市场价，可以作为一把相对客观的尺子。在这个基础上，你发现团队经验和技术优势比竞争对手更强，有信心也有能力把产品和销售做得更好，那你定一个 1 亿元的目标也是合理的。

或者，你发现竞争对手用 8000 万元估值融资的时候市场还没成熟，没几个投资人关注这个细分赛道，但现在需求已经旺盛起来而且增长速度很快，很多投资人都在寻找这类项目，想下场占坑，供需不平衡之下你定一个 1.2 亿元的目标也是可以的。

定 2 亿元的目标估值行吗？不是不行，但你得有支持这个高估值的理由，而这个理由够不够充分，就是投资人跟你谈判的重点。

每次客户问我"估值应该定多少"这个问题，我的回答都是："做好市场调研，再定估值。"融资是影响深远的大事，你应该做好全面细致的市场调研，帮助自己理性思考和决策，找出支撑目标估值的充分理由，避免被投资人压低估值。

报价

清楚了心理底价和目标价格之后，你就可以向投资人报估值了。关于报价，主要解决两个问题——"谁先报"和"报多少"。

如果你是第一次融资，手上的信息与投资人掌握的"情报"严重不对称，不知道应该给出什么估值，又或者你的公司是新赛道里面第一个吃螃蟹的项目，市场上几乎没有任何融资先例，这个时候你可以让投资人先报价，用他的报价作为你的参考信息。比如，当你心里估摸着能有 1000 万元的估值就不错了时，投资人直接开价 2000 万元，那你后报价就相当于化被动为主动了。

不过，一般来说是创业者先报价，因为你找投资人融资的时候需要告诉他你的资金需求和股权出让比例。先报价的好处是你可以掌握主动权，降低投资人的期望值，但前提是你对一级市场的投资逻辑和公司所在细分赛道的投资行情很了解，这对没有做过风投的创业者来说要求比较高。在报估值之前我建议你向专业 FA 咨询，他们掌握了足够的交易信息和市场动向，在了解了项目情况后可以为你提供相对精准和合理的估值参考。

估值参考有了，那具体报多少呢？

有两种策略，分别是"高报价"和"合理报价"。

我猜你的第一选择应该是高报价，这也是正常情况下大多数人的选择，它会带来两个好处。

一是留下还价空间。如果你给投资人直接报了个 5000 万元估值的心理底价，结果对方机构的合伙人跟你说，再降一降，4500 万元，答应就投了。这个时候，你是答应还是不答应呢？投资机构老大亲自出马，估值一点都降不下来，他回去很没面子啊。就算最后用 5000 万元投了你，他的心里也难免会有些芥蒂，说不定还会影响你们以后的长期关系。所以，为了不处于被动，高报价的价格应该既高于市场价，也高于你的目标价，给投资人一个还价的空间，给自己一个回旋的余地。一般来说，首次报价的估值可以在目标价格的基础上上浮 20% 左右，最好不要高于 30%，不然就会让投资人觉得你在狮子大开口，毫无诚意了。

二是管理投资人的期望值。如果你已经融过资，且公司发展得越来越好，就代表你的公司已经被前轮的投资人验证过，得到投资市场认可了，这个时候用高报价策略可以产生"锚定效应"，把"高价值项目"这个锚牢牢地定在投资人的认知里，让他觉得你就应该值这个价。

高报价策略适合在投资行情好（比如市场资金很充沛）或你的项目被追捧的时候运用，如果行情不好或同量级的竞争对手很多，高报价就不适用了。这个时候你可以采取第二种策略，合理报价。

合理报价的价格不高于市场价格或目标价格。使用这种策略需要你有足够的自信和充分的估值支撑理由，因为一旦价格报出去，就意味着没什么还价空间了。用合理报价策略的潜台词相当于："这是一个透明价，大家都爽快点，不要讨价还价。"这个时候如果投资人坚持降低估值，那你可能就要做好主动结束谈判的准备了。

不管是使用高报价策略还是合理报价策略，你都要说出支撑你的报价的理由是什么。比如你有成功创业的经验、非常领先的技术和产品、比竞争对手的生产成本低 50% 以上、能拿到独家供应的原材料或产能等。这样的支撑理由越多越好，然后再附上无可辩驳的数据或例证，你就可以让你的估值报价站得很稳。

还价

你报了估值后，投资人还了一个价，接着该怎么回应呢？

我的建议是，不管你对行情熟不熟悉，都不要着急回应，先要求对方给出理由，仔细解释他还的这个价是怎么来的。

比如，如果投资人跟你说这是"市场价"，就请他提供项目案例；如果他是用财务模型计算出来的，就要求他给出详细的设定条件和计算过程；如果他说项目风险比较高，就让他指出具体有哪些风险，这些风险又是怎样推演得出的。

用这种"以不变应万变"的方法，可以帮助自己掌握更多信息，更好地分析判断，制定对策。

你与投资人在估值上的讨价还价可能需要交锋多个来回，谈成了固然好，但也有不少谈崩的例子。在谈投资条款协议阶段，尽调还没开始，投资人投入的成本不高，经常会用"离桌威胁"作为手段，尽量压低估值，如果你不接受，他就不推进下去。

这招怎么破解呢？

还是要从他给出的理由来做准确判断。有些时候，投资人会从一些具体的细节中挑项目的毛病，作为压低估值的理由，比如研发用的设备买得太贵，产品外观设计得不好看，备货量不合理，用户的转化和促活做得不到位，客诉响应速度太慢等。

看出来了吗？

他纠缠的都是一些暂时做得不够好，以后可以完善的小问题，并不是什么不可挽救的大硬伤。这说明投资人已经代入到投资后作为公司一员的角色中，开始给你提建议了。

在这种情况下，他的投资意愿是比较强的，如果他不想投，早就看下一个项目去了，又何须在这里跟你费口舌呢？"离桌威胁"也只是用来吓唬你而已。这个时候，如果投资人给的估值已经接近你可以接受的价位，而你也希望促成交易，那你做适当的让步就很有必要了。

第42讲　谈判技巧：条件类条款怎么谈

价格类条款的谈判对象非常明确，就是价格，你和投资人围绕着这个唯一的点展开"城战"。

但是，条件类条款的"战场"覆盖范围比价格类条款广泛得多，情况也更加复杂，需要进攻和防守的地方不再局限于某一个点，而是全面的"国战"。

下面，我就来说说条件类条款应该怎么谈。

罗列条件与划分权重

条件类条款的数量远比价格类条款要多，而且有些条款下还会包含不少细分条款。所以，你首先需要盘点一遍所有准备与投资人谈判的条件类条款，以及这些条款下面可以谈判的条件。

可以谈判的条款分为两部分，一部分是投资人提出的，比如董事会条款、回购权条款等，这些在前文已经全面介绍过；另一部分是创业者提出的，比如要求投资人导入某些资源，促成具体项目的签约，获得政府政策支持等。尽管创业者对投资人反向提要求的情况比较少，但一些抢手的明星项目确实拥有这样的底气。

可以谈判的条件指的是条款当中具有谈判空间的内容细节，比如否决权条款下的具体事项、对赌条款下的业绩承诺、员工期权条款下的期权池比例等。

以条款为单位，给这些可以谈判的条件列出一个清单，你就可以看清整个"战场"的范围到底有多大了，这是第一步。

第二步，给这些条件划分权重。

怎样划分呢？我给你介绍两种划分方法。

第一种，按"主要目标""次要目标"和"底线条件"进行大类划分。

主要目标指的是你必须争取的条件，只要这些条件达成了，其他在底线之上的条件都可以让步。比如，否决权条款中的"现有注册资本的增加、减少或改变"会影响后续轮次的融资，而"公司年度预算"会影响公司的发展计划和整体运营，你希望去掉这两项，只要投资人同意，那他在其他事项上严苛一些你也会同意。

次要目标是指那些能谈下来最好，谈不下来问题也不大，甚至让步还能换来主要目标达成的条件。比如，你希望非竞争承诺条款下"离职后不得从事或投资任何与公司竞争的业务"的时间限制是 2 年，但投资人坚持要 3 年，多出一年时间也在你的接受范围内，此时你就可以对此进行适当地让步。

底线条件就是你完全无法接受的条件。比如领售权条款，规定投资人可以用很小的股权比例把公司打包卖掉，你觉得这种把多年奋斗的心血拱手让人的事情绝对不能接受，绝对不会同意这个条款。

第二种，用"数值"进行逐一划分，按"重要程度"给各个条件排列先后顺序。

这种方法的操作关键是为每个条件找对标的锚点。比如刚才说的领售权条款你绝对不能接受，否则就没法谈了，那就给这个可以"一票否决"整个谈判的条款打 10 分；另外，你希望回购的年化利率定在 8% 而不是 12%，这个条件明显没有领售权那么重要，可以打 8.5 分；此外，你非常看重公司估值，不过它还不能左右谈判的"生与死"，但比回购利率的重要程度更高，那就打 9 分。每个条件都通过对比得出各自的权重数值，最后你就可以得出一张重要程度从高到低的清单。

给条件划分权重得出排序清单，可以帮助你找出战场上的"战略要地"，从而做出更好的战略布局，更灵活地运用战术，掌控节奏，进退有据。

了解和发现投资人的真实需求

和你一样，投资人也有他的主要目标、次要目标和底线条件。比如，优先清算权是必备条款之一，属于主要目标。而这个条款下的优先清算收益计算方式能使投资人收回投资本金是底线条件，得到年化收益和二次分配收益则可能是次要目标。

有些时候，投资人的目标是比较隐蔽的，这就需要你在谈判前和谈判中不断地去搜索和获取信息，确认对方的真实需求。你也可以通过提问来搜集投资人的想法以及了解投资机构的风格。

怎样提问比较合适呢？

你可以通过两类问题来达到目标——"直接确认类问题"和"假设性问题"。

举个例子。如果你不清楚投资人对某些条款的权重排序，你可以用直接确认类问题跟他探讨："如果要给估值、董事会席位、否决权和回购权这些条款排一个顺序，按照你对投委们的了解，他们会怎么排？"

这个问法，可以起到两个作用，一是通过让投资人排序，确认他对条款的价值优先级；二是引导他从投资人这个角色中抽离出来，站在谈判桌的旁边，用第三方的视角排序，让他更愿意回答。

请注意，你最好不要这样问："估值、董事会席位、否决权和回购权中，你觉得哪个更重要？"这样问不但容易激发投资人的防备心理，而且他未必能回答上来，最后丢给你一句"都重要"不了了之。

如果直接确认类问题没能问出投资人的真实需求，你还可以尝试用假设性问题来突破防线。所谓假设性问题，就是让对方做选择题。

比如，你问投资人："如果我同意估值从5000万元降到4500万元，但是，要求当你们的持股比例下降到10%以下时，就让出董事会席位，是否接受？"甚至，你可以提出两个不同的方案，一个是同意估值为5000万元，但当投资人持股比例下降到7%时让出董事会席位，另一个是估值为4500万元，但当投资人持股比例下降到10%时让出董事会席位，问他更愿意选择哪一个。只要投资人做出选择，基本上就会透露出他的价值偏好。

以上就是怎样通过提问来了解投资人的真实需求。除此之外，你还可以主动透露自己的部分条件，来刺探对方的反应。有经验的投资人在机构内部推进项目的时候会与决策层保持信息同步，用这种方式提前吹风，可以提高正式谈判的效率，给彼此留出足够的回旋余地，使谈判更容易出成果。

这里我要提醒你，务必注意谈判时的气氛和对方的情绪。就像刚才那种"你觉得哪个更重要"的问法，很容易引起对方的戒备，甚至他会因为在机构中的话语权不大，不够分量来回答这个问题而感觉到被冒犯。

另外，在投资人说需求和想法的时候，一定不要着急回应和评论，而是要鼓励他多说一些，通过"让他表达"来给他制造一种"主导谈判"的感觉，缓和紧张的谈判气氛，掌握更多的信息，帮助自己更好地制定后面的策略。

等他全部说完之后，你可以接着说："如果我坐在你的位置上，从投资人的角度出发，是完全能够理解这些要求的，而且我非常肯定，咱们的目标是高度一致的。为了达成这个目标，你看这几个地方能不能做些调整，我的理由是……"

通过使用这样的措辞，你既肯定了对方，也统一了共同利益，还表达了自己的诉求，使对方有一个走下来的台阶，从而更愿意做出让步。

找到替代方案

当你掌握了自己的目标和投资人的需求之后，就可以开始谈条件了。与价格类条款谈判一样，向对方提出条件和诉求也需要给出充分的支撑理由。

曾经有投资人跟我说过，他特别不喜欢那些在融资谈判中既不专业，又固执己见，还不懂变通的创始人。

为什么？

创业固然要不忘初心，持续坚持，但是商业世界也要求创业者必须灵活变通，见招拆招。比如对于公司的商业模式，即使一开始就考虑得很周全，设计得很完善，但在完全走通之前，肯定需要不断试错和调整，如果创始人一条路走到黑，头撞南墙都不懂得绕过障碍，那必定会撞得头破血流。

放在融资谈判中，这样的做法不是坚持，而是固执，会给投资人留下一个印象，即你在某些地方过于纠缠，没有把目光放在融资成功这个最大的目标上，从而推断你以后在公司运营和管理上也可能容易过分关注局部细节，看不清战略大局。

事实上，投资人并不怕你据理力争，他们反而乐意看到这一幕，因为如果在融资谈判这么重要的事情上你都不去争取自己的利益，那以后又怎么能够在残酷的商业交易中为公司和股东争取利益呢？只要你提出的条件有理有据，投资人肯定会严肃考虑，即使他不能直接答应，也会努力想办法来跟你探讨，联手找到替代方案。

什么是替代方案？

谈判中的替代方案是指条件的替换，也就是说，你用一个新的方案，去替换掉对方提出的，但你不愿接受的条件。

还记得那个股权交割没有100%完成的案例吗？

当时投资人把创始人必须先完成股权回购款的支付列为投资的先决条件之一，但是创始人没有那么多钱来完成支付，谈判到这里就卡住了。

怎么办呢？

创始人和投资人都非常聪明，并没有抓着这个点争得不可开交，陷入"你必须这样""我绝对不接受"的拉锯中，而是先结束这个回合，各自回去列出一份"替代方案清单"，然后再拿到会议上进行探讨。最终的结果你也知道了，他们把投资拆成"转股"和"增资"两个部分的一揽子交易，用"转股"部分的资金解决了创始人支付股权回购款的问题。

在这个替代方案中，创始人以减少一点融资为代价，用"转股"换取资金的办法低成本地解决了回购款支付问题，获得"融资成功"这个最高收益；而投资人则用几乎没有成本的"拆分投资步骤"解决了风险问题，获得"投资成功"这个最高收益和"整体估值下降"这个附加收益，可以说是非常成功的双赢。

这个"各自列举清单，共同探讨，联手找到替代方案"的办法是一种很高效的处理手段，非常值得你借鉴。

让步三招

在上面的案例中，创始人和投资人联手寻找替代方案的过程并不是你进我就退的一团和气，而是各自据理力争的惊险交锋。他们最终能达成一致意见，双方都少不了要做出一定的让步。

关于让步，也是有讲究的，记住下面的三个招数，可以帮助你在谈判桌上表现得更好。

第一招，以退为进。谈判开始前，你应该已经列出目标条件的权重排序清单了，那些权重相对低一些的次要目标就是你的谈判武器。主动牺牲一些次要目标，"暗度陈仓"，可以确保主要目标的达成。你可以故意在一些低成本的次要目标上摆出高姿态，然后主动让步，借此在高收益的条件上要求投资人让步。这是谈判高手经常会用的一招，既能展示诚意，又可以保障核心利益。

第二招，不情不愿。意思就是，不要轻易让步，拖延时间，等待转机出现。比如，你可以这样跟投资人说："这个条件我个人做不了主，得跟团队商量一下。"或者说："虽然短期来说没什么问题，但是以后说不准就会给公司造成很大的影响，这让我非常为难，我得仔细考虑一下。"

第三招，交换条件。如果实在要让步，也尽量拉着对方一起让。比如，你提出的业绩对赌条件是未来三年净利润达到 800 万元，但投资人提出的要求是 1000 万元，你在让步的同时可以要求对方也让一步，比如，1000 万元可以，但是如果做到了，要拿出一部分股权或现金奖励创始团队。这个奖励可能并不是你一定需要的，但它却是非常重要的"障碍物"，可以防止投资人进一步加码，提出更多的要求。有了"奖励"这个新提出来的条件后，投资人要么答应新要求，要么只能撤掉 1000 万元净利润的要求，同意按 800 万元进行业绩对赌。

第 43 讲　全局策略：赢下战役，也赢下战争

通过阅读前面的三讲，相信你已经学会怎样运用谈判技巧去赢下一场融资谈判了。

不过，与单个投资机构的博弈只是一场"战役"，在拿到钱之前，你大概率还要与多家投资机构展开多场"战役"，直到赢下融资这场"战争"。

怎样做才能赢呢？你需要制定全局策略。

制造竞争局面

我先问你一个问题。

一家公司的估值是由什么决定的？是固定资产的多少，创始团队的经验和能力，技术先进性，销售业绩还是品牌价值？

先来看著名经济学家薛兆丰老师举的一个例子。

假设你在一线城市 CBD 的餐厅里吃一碗牛肉面，发现价格很高，于是你问老板："这牛肉面为什么这么贵？"

老板说："这是因为铺租很贵，牛肉面卖这个价格才能赚到钱。"

铺租贵了，牛肉面就贵，这是一个事实，但因果关系反了。

薛老师在《经济学讲义》中指出:"供需关系决定商品价格,商品价格决定资源成本。"CBD的生产效率高,可以多赚钱,大家都愿意来这里上班,所以争着进入这个地方的人很多。人多,用餐需求自然就多,但是由于周边的餐厅数量是有限的,即使餐品价格高也还是天天爆满(比如深圳南山区某商城在午餐高峰时段几乎所有餐厅都要排队)。店铺业主见餐品卖得贵还有那么多客人,心想肯定很赚钱,那就提高点租金吧,反正想租的人多得是,于是铺租就贵起来了。

所以,这个例子的正确因果关系是,"用餐人数高出餐厅数量"这个供需关系决定了"餐品价格",然后"餐品价格"推高了"店铺租金"这个资源成本。

在一级投融资市场里也是同样的道理,成本决定论不完全适用于公司的估值,固定资产、团队经验能力、技术、品牌等方面的价值只是影响因素,决定因素是你和投资人之间的供需关系。也就是说,你公司的估值由市场上愿意投资你的投资人能够接受的估值上限所决定。

明白了供需关系的逻辑,现在你就可以制定第一个全局策略:制造竞争局面。

怎么做呢?

很简单,在融资谈判阶段,让多家投资机构一起竞争。

要达到这个效果,你需要在融资之初就安排一个时间段,密集地约见投资人,然后获得不止一家机构给出的投资条款协议,获得的越多,证明对你有兴趣的机构就越多,你的底气和选择范围也越大。2个月内同时拿到3份,和18个月内先后拿到10份,是截然不同的结果。

另外,不同的机构在估值、董事会、否决权、回购权等条款上的条件不尽相同,你可以对这些信息进行对比和借鉴,让自己拥有更有利的谈判条件,改善交易条款。

注意，拿到投资条款协议之后不要着急签订，因为一旦里面含有排他期条款，你就会受到约束，不能再与其他投资机构接触。所以，想制造出多家机构同时竞争的局面，关键是做好时间规划。

做好时间规划

当融资开始执行之后，要在刚刚好的时间点形成多家机构一起竞争的局面，那预留的时间既不能太短也不能太长。

怎么说？

如果预留的时间太短，不足以完成融资。毕竟，从接触投资人到拿到投资条款协议需要时间，谈定签署需要时间，投资人做尽调需要时间，谈正式协议需要时间，交割也需要时间。除非公司的现金流很健康，没有"断粮"之忧，否则账上的钱逐渐减少的时候，你的底气也随之变小，而投资人的谈判筹码却越来越多，你要保护自己利益的难度也会越来越高。更极端的情况是，投资人甚至会因为没有足够的时间去评估你的公司而直接放弃。

如果预留的时间太长，首先是随着公司发展情况的变化，做好的融资材料需要不断更新，重复做功费时费力；再者，见投资人的时间跨度被拉长，不单分散你的精力，还会让投资人觉得你没有融资的紧迫感，甚至会怀疑公司这么久还没融到资是不是因为其他投资人不看好，既然这样还是先观望一下吧；最后就是，你很难在这么长的时间跨度里把投资人都聚在一个集中的时间段，同时进行谈判，形成多家竞争的局面。

那预留多长的时间合适呢？

一般来说，从广泛接触投资人开始，你需要用 1～2 个月的时间进行密切交流，效率高的投资人完成初步评估（或初步尽调）大概需要 1～2 周，立项通过后（或者直接）会发出投资条款协议。

所以，有融资经验的创业者预留 2～3 个月的时间就可以。当然，这个时间不是绝对的，要根据你的渠道资源、交流效率、项目质量、机构适配度、投资人执行力等多个方面的因素进行调整。

找关键决策人

前面说过，融资的每个步骤都需要时间，不同的投资人执行效率不一样，不同的投资机构决策流程也不一样。

有些投资人动作很慢，既不拒绝你也不实质推进，这有可能是机构的投资流程比较长，内部沟通和项目推进需要不少时间，也有可能是他想观望一段时间，等你的公司变得热门的时候再找机会参与投资，还有可能是他在机构里没有项目决策的权力，项目推进得不是那么顺畅。

所以，与投资人开始交流之后，你要去问他们的投资流程。虽然不是每一个投资人都会直接告诉你答案，但这是最高效的办法。即使投资人只给出一些模糊的信息，也有助于你获得下一步流程和决策要点的线索。

另外，一家投资机构根据资金管理规模的大小会有不同数量的投资人，一般规模越大投资人越多。但是，从基金管理的角度来说，投资决策权永远只会在少数的关键人物身上，大部分投资人有的只是推荐权，这个与"To B"市场的业务逻辑是一样的。

所以，要扭转被动等待的处境，最好的办法是直接跟投资机构的关键决策人进行交流（比如董事总经理或合伙人），这能够让你得到清晰且及时的反馈，从而更好地把控节奏，掌握时机。

防止信息泄露

让多家机构同时竞争的道理，你懂，投资人也懂，所以有经验的投资人都会问你还在跟哪些机构交流。

该怎么回答呢？

我建议，绝对不要透露"准确信息"。因为，即使放眼全国，投资人的圈子都不算大，一般通过二度人脉都可以相互认识。如果投资人知道你在跟哪些机构接触，他大概会马上去询问那些机构对你公司的看法。这个时候，除非他们在这个项目上是竞争（项目很好，都要投）或者合作（项目很好，一起投）关系，否则一旦交流的结果不是那么积极，那情况就对你不利了。比如，一方认为风险有点高，暂时不考虑，那另一方就可能会被这个看法带偏。

对于这个问题，最好的回答方式是："确实有其他机构在跟我们接触，具体是谁不太方便透露，不过它们的进度比你们稍快一点（或是，它们已经提供了投资条款协议，正在谈主要条款）。"

第 12 章　完成交易

是结束，也是开始

第 44 讲　跟进打款：进度条不要卡在 99%

当与投资人谈妥条款，签订协议之后，融资的进度条就完成 99% 了。不过，还没到放松的时候，你还有最后一步要完成，这一步就是完成交割。

完成交割

交割阶段，你要做两件事。

第一件事，是确保所有的先决条件都已经得到满足或被投资人豁免。这些先决条件，有的约定了明确的完成期限，比如 60 日之内把所有专利从个人名下转让到公司名下；有的存在前提关系，比如全部转股的先决条件须于增资交割日持续满足，也就是说，若投资是"转股"和"增资"两部分的一揽子交易，则你需要先完成转股的全部先决条件才能进入增资的交割，并且要保证在增资的交割过程中持续有效，直到完成。

虽然交割的过程不会持续很久，但你也要确保期间不会出现任何意料之外的不利状况，以免在最后关头吓跑投资人。

第二件事，是跟进打款，并且在拿到全部的钱之前，不要结束这一轮融资。

打款分三种情况，第一种是直接增资，交割形式最为简单，时间最短。

第二种是上面提到的将交易分为"转股+增资"两部分，钱也会分为两部分付给个人和公司。这种情况的交割周期不长，你只需要按照协议约定的交割形式去执行就可以。

第三种情况是分阶段投资。比如，投资人跟你约定，第一期先投资融资额的50%，在达到某些条件或者经过多长时间后，第二期再投资剩下的50%。这里的阶段可以是两期、三期，甚至更多，所以完整的交割周期会比较长，而每个阶段的投资比例也不定，像打游戏一样，一关接着一关，直到全部通关你才能拿到所有钱，结束融资。分阶段投资在早期融资中比较少见，但也有过案例。

另外，你还需要注意一点，就是投资机构有可能签了协议但最后不给钱。尽管大多数投资机构都非常注重声誉和口碑，尤其是有声望的投资人，他们承受不起"不讲信用"的骂名和代价，但是林子大了什么鸟都有，一些不专业的机构就曾经闹过这样的笑话。

融资之后

拿到全部的钱之后，融资终于顺利完成了。从这一刻起，代表着你和投资人的长期关系正式开始。

对于怎样与投资人协作和相处，你肯定有自己作为 leader（领导者）

的魅力风格，我不好给你什么建议，只给你说说一些从亲身经历和所见所闻中总结出来的经验，供你参考。

第一，向投资人及时、如实地披露公司状况。

投后管理是投资人非常重视的一项工作，他会定期收集信息，了解公司的经营状况，以便及时发现风险，采取防范措施。如果发生重大问题，比如重大亏损、债务违约、诉讼纠纷、主要客户流失等，但你却没有及时通知投资人，这不只违反了协议约定，还破坏了你们之间的关系，会给日后的协作和相处带来很大的影响。

第二，经常与投资人进行交流沟通。

合伙人级别的投资人有很多资源，可以导入所投企业帮助它们加速发展。不过，他投资的项目也很多，按价值和潜力排序，不同项目可以获得的额外支持也是不一样的。所以，你最好经常与投资人保持交流沟通，让他知道你、记得你，甚至在情感上偏向你。

沟通的频率最好相对固定，不要间隔太长时间，比如两周一次就比较合适。沟通的范围可以很广泛，行业的动态和趋势、竞争对手的行动消息、公司的发展计划、人才招聘的需求都可以，甚至还可以找他倾诉，释放一下你在创业路上的压力和焦虑。

把投资人当作同事，也当作朋友，把关系处到位，让他在众多的投资项目中把你排在前列，他自然就会分配更多的资源给你，也会在股东会和董事会上更加支持你。

第三，在投资人的能力和资源范围内，找他提供帮助。

为什么要框定一个范围呢？

不是因为超出范围后他帮不上，而是因为如果帮不上，他可能会感到失落，次数多了以后你也不好再找他帮忙了。

怎么知道他在什么地方可以帮得上呢？

通过定期沟通去了解，时间长了，他有什么能力和资源你也可以摸出个大概了。

另外，找投资人帮忙的时候，尤其是咨询意见的时候，问的问题要具体。如果你问："最近销售业绩下降了很多，你有什么办法可以帮帮忙吗？"这就是把投资人当成专业的销售咨询顾问了，估计他会感觉到有一股重重的无力感从脚底涌泉穴冒出，直冲头顶百会穴，然后无所适从。

你不妨试试这样说："我们注意到最近销售业绩下降了不少，团队讨论之后认为可能由3种原因造成，现在想征求一下股东的意见，以便快速制订对策。"投资人一听，心里面就会想："都找出3种原因啦，那我们赶紧讨论一下。"

第四，你是在寻求建议，不是在申请批准。

在董事会上讨论重大问题的时候，你不要说："你们希望我做什么？"这多少有点把责任推出去的味道。你应该说："请说说你们的看法，综合大家的意见之后我再做决定。"要始终记住，你才是亲自提刀下场拼杀的那个人，最终决策必须由你来做，错误也必须由你来承担。

在提出重要议案或发展计划的时候，你也要注意不要被那些没有实操经验的投资人在执行细节上提出的反对意见所影响，自以为什么都懂，乱提意见是不少投资人的通病。要知道，不下水者不知冷暖，没有任何一个投资人比你更懂公司的业务。

第45讲　持续融资：低头赶路，也要抬头看天

能看到这里，证明你是一个持续学习的创业者，在嘈杂浮躁的商业世界里还能保持这份坚持和毅力，实在太难能可贵了。

前面44讲我用"认知准备—融资执行"的逻辑顺序剖析了股权融资这项复杂的系统工程，相信你现在对怎样去完成一轮融资已经心中有数了。

在最后一讲，我准备跟你说说在不同的融资阶段需要注意的重要事项。

种子轮融资

随着全球新一轮科技革命的兴起，2021年"硬科技"投资热度不断升温，有些投资人为了挖掘高校和科研院所的优质课题与项目，已经展开了"围城"攻势，放下"身段"直接上门打探交流，甚至用帮忙融资、组建团队来游说科学家创业。当然，想获得这样待遇的种子轮项目需要符合比较高的筛选标准，而其中一个要求就是：技术稀缺程度高，并且可以产业化。

不管是科技创新还是商业模式创新，创业公司在种子轮的融资成本相对最低，对于条款谈判的争议也最小。不过，这不代表条款不重要。如果一心只顾拿钱而忽视条款细节，很可能会给后续融资埋下隐患，严重的甚至会影响公司的持续经营和发展。

就拿上面的"围城"现象来说，如果你是科学家，投资人开出非常好的估值条件让你创业，你会接受吗？

每一个科学家都希望自己花费大量时间精力研发出来的技术得到认可和重视，同时，大部分科学家都难以免俗地认为自己的技术最厉害（所谓"文科相轻，理科相杀"不是没有道理的），价值非常高，有这样的估值是理所应当的。不过，如果种子轮的估值就远超公司价值，那下一轮的"投资性价比"难免大打折扣，投资人会觉得不划算。而且，万一公司的表现不理想，支撑不起当初的估值，那就相当于"跌破发行价"，后续融资的难度将会非常大，即使你愿意降估值"折价"融资，投资人也不一定同意，就算他同意，你也要弥补他的损失（根据反稀释权条款）。

又比如，投资人要求你对赌，你会接受吗？

这个要看赌什么。如果赌约正好是你计划中的下一个里程碑，而且你很有信心做到，那不妨试一试，但记得加上赌赢后的奖励条件。如果赌约是业绩，比如营收或利润，那我强烈建议你拒绝。对于种子轮项目来说，要跨越产品的"研发—生产—营销—销售"过程，最后实现营收甚至产生利润，周期很长，每个环节都充满了不确定性，对赌的风险太高了。

除了上面说的条款细节，你还要注意投资人的数量和类型。

假设现在有两种投资方案，一种是一个投资人领投75%，其他投资人合投剩余的25%，另一种是所有投资人平分融资额度，你应该选哪一种呢？

选第一种。从长期影响来看，有领投机构的方案会让你获得一个长期的合作伙伴，他会努力为公司提供帮助，同时你也可以从跟投方那里获得一些人脉和资源，并且把他们发展成为下一轮的主要投资人。

平分方案缺少明确的领投方，市场背书力度比较弱，撒网式的投资行为决定了没有谁会给予你太多的关注和帮助。通过同学、老师、朋友这样的个人投资者完成的种子轮融资特别容易出现这种情况。

早期融资

如果你的第一轮融资是种子轮，并且是通过个人投资者完成的，那可能不会有太多的约束条款。

如果公司已经运营了一段时间，有了产品或一些收入之后才启动首次融资，虽然找专业投资机构更容易融到资，但也会带来更多的限制。

在早期融资阶段，从案例经验来看，上一轮投资人的条款权利将会被后续轮次的投资人继续沿用，比如反稀释权、优先清算权、回购权、否决权等。所以你需要特别注意这些条款所带来的长期影响。

比如，如果天使轮投资人拥有"股权或债权的发行，现有注册资本的增加、减少或改变"的一票否决权，那么 A 轮投资人也会要求拥有。在这种情况下，你想引入新的投资人完成 B 轮融资，就需要说服前面两轮的投资人，操作难度和执行效率都会受到影响。

另外，你可能还会面对一些特殊的条款要求。比如，国资投资机构向你提出要求，要把公司注册地址、总部和主要人员放在指定区域并且一定时间内（比如 5 年）不可以迁离，或者对外销售、产值、收入的 80% 以上要由被投的公司主体实现，即使国资投资机构退出或公司被收购上述约定也依然有效。这种要求在地方级国资投资机构中比较多见，短期内不会有很大的影响，但你依然需要根据公司的中长期发展计划综合考量。

此外，还有一个因素有可能会影响早期融资，就是科技属性。也许你的公司以商业模式创新为主，核心竞争力不具备很高的科技含量，不过我依然强烈建议你尽量研发或引入创新科技。

为什么呢？我用消费赛道的投融资现状来举例说明。

进入 2022 年，新消费品牌赛道中不少估值百亿元以上的明星项目都出现了裁员风波，甚至已经上市的奈雪的茶也在公告中把 2021 年的净亏损调整到 1.35 亿～1.65 亿元。这其中有一部分原因是泡沫破裂、市场热度下降，但更深层次的根源是，投资人的心态和投资逻辑都发生了变化。

新消费赛道风口来临之初，很多项目创始人和投资人套用互联网公司的增长逻辑，通过烧钱营销和迅速扩张去抢占市场，在一段时间内造成了非常严重的行业"内卷"，既使得老品牌感到恐惧，也给消费赛道的投资圈带来了焦虑。

但是，互联网项目的底层商业逻辑与新消费项目有很大的区别。前者具有很强的网络效应，可以沿着指数、线性或对数增长曲线来获得不同速度的规模增长,但对于后者而言,这样的网络效应和规模增速显然不成立。

消费是盈利性生意,比如在餐饮行业中,只要餐品通过市场验证,就可以在短时间内带来可观的现金流或利润,这也是投资的一个基本前提,毕竟没有人会投资一个生意不好的消费品牌。然而,餐饮企业摸索出来的单店模型只能说明在单个区域的成功,不代表扩张到客户消费习惯不同的地方不会"水土不服"。这意味着,整个增长逻辑变了。

另外,客户对消费品牌的迁移成本非常低,这家不吃可以吃别家,这家太贵就买别家,基本没有什么"忠诚度"可言,所以这注定了任何一个餐饮的细分赛道都有可能出现高市值的公司,但绝难跑出市场的垄断者。

当"成立品牌—融资—营销或扩张—持续亏损—持续融资—活下去"这条路行不通之后,消费赛道的投资人回归到更务实的投资逻辑上,更加注重核心竞争力的打磨。对于创业准入门槛比较低的消费赛道,尤其是对于早期品牌而言,加入科技属性无疑是构建差异化竞争壁垒的最好办法。

中后期融资

对于中后期阶段的融资,董事会席位和表决控制权是你首先要注意的地方。如果每一轮的投资人都要求一个董事会席位,几轮下来之后,你要保持对董事会的控制将会越来越难。

你可以选择增加董事会席位的数量,7个席位、9个席位,甚至更多,但代价是牺牲决策效率。你也可以要求持股比例被降低到一定程度的投资人让出董事会席位,另外安排董事会观察员或者监事会席位给他们。

而在估值问题上,如果前面都做到了最大化,后面你就要承受"高处不胜寒"的冷冽。显然,"估值低一点,条款简单宽松一点"比"估值高、条款复杂苛刻"更好,但是又有几个身在局中的创业者能够做到呢?

我希望你是冷静且果敢的那一个。

最后,轮次越靠后的融资,资金需求额度和项目复杂度越高,投资人的评估周期也相应变得更长。在排他期条款的约束下,你可能会面临项目经过长时间尽调却最后上会没通过的风险。这个时候你手上可能已经没有其他投资条款协议了,再找接触过的投资人也不现实,找新的投资人则需要耗费同样长的时间,整个融资就会受到非常大的影响。

投资与估值丛书

书号	书名	定价
978-7-111-62862-0	估值：难点、解决方案及相关案例	149.00
978-7-111-57859-8	巴菲特的估值逻辑：20个投资案例深入复盘	59.00
978-7-111-51026-0	估值的艺术：110个解读案例	59.00
978-7-111-62724-1	并购估值：构建和衡量非上市公司价值（原书第3版）	89.00
978-7-111-55204-8	华尔街证券分析：股票分析与公司估值（原书第2版）	79.00
978-7-111-56838-4	无形资产估值：如何发现企业价值洼地	75.00
978-7-111-57253-4	财务报表分析与股票估值	69.00
978-7-111-59270-9	股权估值	99.00
978-7-111-47928-4	估值技术	99.00

资本的游戏

书号	书名	定价	作者
978-7-111-62403-5	货币变局：洞悉国际强势货币交替	69.00	（美）巴里.艾肯格林
978-7-111-39155-5	这次不一样：八百年金融危机史（珍藏版）	59.90	（美）卡门M.莱茵哈特 肯尼斯S.罗格夫
978-7-111-62630-5	布雷顿森林货币战：美元如何统治世界（典藏版）	69.00	（美）本·斯泰尔
978-7-111-51779-5	金融危机简史：2000年来的投机、狂热与崩溃	49.00	（英）鲍勃·斯瓦卢普
978-7-111-53472-3	货币政治：汇率政策的政治经济学	49.00	（美）杰弗里 A. 弗里登
978-7-111-52984-2	货币放水的尽头：还有什么能拯救停滞的经济	39.00	（英）简世勋
978-7-111-57923-6	欧元危机:共同货币阴影下的欧洲	59.00	（美）约瑟夫 E.斯蒂格利茨
978-7-111-47393-0	巴塞尔之塔:揭秘国际清算银行主导的世界	69.00	（美）亚当·拉伯
978-7-111-53101-2	货币围城	59.00	（美）约翰·莫尔丁 乔纳森·泰珀
978-7-111-49837-7	日美金融战的真相	45.00	（日）久保田勇夫